Judy Dempsey
Das Phänomen Merkel

Judy Dempsey

Das Phänomen Merkel

Deutschlands Macht und Möglichkeiten

Bibliografische Information der Deutschen Nationalbibliothek

Die Deutsche Nationalbibliothek verzeichnet diese
Publikation in der Deutschen Nationalbibliografie;
detaillierte bibliografische Daten sind im Internet unter
http://dnb.d-nb.de abrufbar.

Umschlag: Groothuis, Lohfert, Consorten|glcons.de
Coverfoto: Sean Gallup/Getty Images
Übersetzung und Redaktion: Dorothea Jestädt, Bettina Vestring
Herstellung: Das Herstellungsbüro, Hamburg|
buch-herstellungsbuero.de
Druck und Bindung: CPI – Clausen & Bosse, Leck
Printed in Germany

ISBN 978-3-89684-097-4

www.edition-koerber-stiftung.de

Für meine Familie

Inhalt

Einleitung

An einem sonnigen Oktobertag des Jahres 2005 betrat Angela Merkel den großen Saal des Konrad-Adenauer-Hauses in Berlin. Drei harte Wochen lagen hinter ihr. Nur knapp hatte sie die Bundestagswahl im September gewonnen und lange darauf gewartet, bis ihr Vorgänger Gerhard Schröder seine Niederlage eingestanden hatte. Entsprechend mühsam waren anfangs die Sondierungsgespräche mit den Sozialdemokraten gewesen. Doch nun standen die Eckpunkte der Großen Koalition fest. Merkel hatte es geschafft. Sie, die Frau aus dem Osten, würde die erste Bundeskanzlerin der Bundesrepublik Deutschland werden.

Meine deutschen Kollegen hatten viele Fragen. Sie löcherten Merkel nach ihren Steuerplänen, nach der Postenverteilung im Kabinett, nach Tarifpolitik, Sozialpolitik, Forschungspolitik. Kein Detail war zu klein, keine Antwort zu ausführlich. Irgendwann hatte ich genug. Ich hob die Hand. »Frau Merkel«, fragte ich, »Sie werden Kanzlerin von Deutschland. Wie geht es Ihnen? Sind Sie jetzt glücklich?«

Merkels Antwort auf meine Frage wurde von jedem Fernsehsender in Deutschland gezeigt. Immer und immer wieder, so oft, bis mich selbst die Verkäuferin in der Bäckerei, in der ich immer einkaufte, darauf ansprach. Merkel blickte nämlich zuerst sehr, sehr überrascht. Dann lächelte sie ein bisschen und fand ein paar Worte, so trocken, dass sie alle zum Lachen brachten.»Mir geht es gut«, sagte sie.»Ich bin in einem Zustand gespannter Aufmerksamkeit.«

Diese kleine Geschichte ist der Grund, warum ich dieses Buch geschrieben habe. Immer wenn ich daran zweifelte, ob ausgerechnet eine ausländische Journalistin dem deutschen Publikum zu neuen Erkenntnissen über seine Kanzlerin und seine Regierung verhelfen könnte, tröstete ich mich mit dieser Szene. Sie schien mir zu beweisen, dass zuweilen ein bisschen Abstand von großem Nutzen sein kann, um einen klareren Blick auf eine Person, ihr Verhalten und ihre Politik zu bekommen.

Seit fast acht Jahren beobachte ich nun diese Kanzlerin, meistens von Weitem, manchmal auch von recht nah, wenn ich sie, gemeinsam mit anderen Journalisten, auf eine ihrer Auslandsreisen begleiten durfte. Ich nutzte jede Gelegenheit, Merkels Umgang mit der Macht zu studieren. Sie selbst veränderte sich, aber auch das Land, das sie regierte, entwickelte sich weiter. Es wurde sich seiner Macht in Europa und der Welt stets bewusster. Aber noch immer scheut es davor zurück, die Möglichkeiten dieser Macht wirklich auszuschöpfen.

In diesem Buch konzentriere ich mich auf die Beschreibung und die Bewertung von Deutschlands Rolle in der Welt. Manchmal steht die Außenpolitik unmittelbar im Vordergrund, wie in den Kapiteln über das transatlantische Verhältnis, Israel oder Polen. Dort wo ich über die demografische Entwicklung oder die Energiewende schreibe, erschließt sich dieser Zusammenhang erst auf den zweiten Blick. Aber auch dort geht es darum, wie sich Deutschland zur restlichen Welt stellt, wie dicht diese Beziehungen mittlerweile verwoben sind und welche Abhängigkeiten es in Kauf nehmen muss.

Angela Merkel übernahm im Herbst 2005 die Führung eines Landes, das den drängendsten Reformstau gerade bewältigt hatte. Ein Großteil der Verkrustungen aus der Regierungszeit Helmut Kohls war aufgebrochen, ein neues politisches Klima in Deutschland eingezogen. Das Land war dabei, sich von dem wirtschaftlichen Schock der Wiedervereinigung zu erholen, die Arbeitslosigkeit begann zu sinken, die Exportkraft der deutschen Wirtschaft war beeindruckend. Kurz gesagt: Das Deutschland, das Angela Merkel 2005 vorfand, war ein Land der Macht und Möglichkeiten.

Heute, acht Jahre und zwei Amtszeiten später, wage ich zu behaupten, dass Angela Merkel das Potenzial Deutschlands nicht ausgeschöpft hat. Merkel ist eine der mächtigsten Frauen der Welt, wenn nicht sogar die mächtigste Frau. Aber innen- wie außenpolitisch scheut sie davor zurück, diese Macht konsequent einzusetzen. Vieles von dem, was sie anfängt, bleibt in der Schwebe, weil sie nicht den Willen aufbringt, es zu Ende zu bringen. An Beispielen für die unerledigten Aufgaben fehlt es in diesem Buch nicht, von der Neuausrichtung des Verhältnisses zu Russland über die Europapolitik bis hin zur Energiewende. *Unfinished business*, wie wir auf Englisch sagen; ein Ausdruck, der in seiner deutschen Übersetzung leider nicht so gut klingt.

Ist Merkel ein Machtmensch? Bestimmt. Hat sie auch Überzeugungen? Einige, sicher. Aber ein großer Teil des Gestaltungswillens, mit dem sie 2005 ihr Amt antrat, hat sich inzwischen abgeschliffen. Ich bin mir nicht sicher, ob sie in einer dritten Amtszeit die Kraft aufbringen würde, wenigstens einige der unerledigten Aufgaben zu Ende zu führen. Aber angesichts von Deutschlands Macht und Möglichkeiten würde ich es diesem Land wünschen.

Europapolitik ohne Leidenschaft

Deutschland hadert mit Macht und Möglichkeiten

Seit Beginn der Euro-Krise im Jahr 2009 wird in Deutschland lebhaft über die Zukunft des Euro und der europäischen Einigung diskutiert. Nicht nur in politischen, akademischen oder journalistischen Kreisen, auch in Cafés und Restaurants, im Radio und in Talkshows fragen die Menschen: Welche Zukunft hat Europa?

Tatsächlich hat die Euro-Krise die Verhältnisse in Europa umgestürzt. Deutschland ist zur Vormacht aufgestiegen; von Berlins Ja oder Nein hängt das wirtschaftliche Überleben der Krisenstaaten ab. Zugleich erlebt die europäische Idee die größte Legitimationskrise ihrer Geschichte. Die inzwischen offensichtlichen Konstruktionsfehler des Euro haben das Misstrauen der europäischen Bürger gegenüber der Brüsseler Politik geweckt. In den Krisenländern leiden Menschen wirtschaftliche Not, für die sie Europa haftbar machen. In den Geberländern missgönnen zahlreiche Wähler den Nachbarn weitere Finanzhilfen. Es ist eine Zeit, die nach politischer

Führung schreit, und ich möchte in diesem Kapitel der Frage nachgehen, ob Merkel diesem Bedürfnis gerecht wird.

Als Regierungschefin des politisch einflussreichsten und wirtschaftlich stärksten Landes der EU steht Angela Merkel zwangsläufig im Mittelpunkt vieler Diskussionen um Europa: Wie denkt die deutsche Bundeskanzlerin über den Euro und seine Rolle als Europas Währung? Wie positioniert sie sich bei der Frage, unter welchen Voraussetzungen und mit welchen Maßnahmen strauchelnde Volkswirtschaften gerettet werden sollen? Und wie sieht sie die Zukunft der Europäischen Union?

Solche Fragen bewegen nicht nur Deutschland und die EU, sondern auch die Vereinigten Staaten. US-Präsident Barack Obama erwartet von den Europäern eine klare und entschiedene Reaktion auf die Euro-Krise. Der Präsident hat seine zweite Amtszeit begonnen, auch er sucht Wege, um sein Land aus der Rezession und der Verschuldungskrise zu befreien. Das Letzte, was Obama in dieser Lage brauchen kann, ist ein Europa, das mit seiner Krise die Weltwirtschaft ansteckt und sich seiner Rolle als regionaler Führungsmacht verweigert.

Doch genau das bekommt Obama geboten. In den letzten Jahren und Monaten haben sich die 27 EU-Mitgliedsstaaten so oft und so erbittert über den richtigen Weg aus der Staatsschuldenkrise zerstritten, dass so mancher Beobachter bereits die Existenz der Europäischen Union gefährdet sah. Die USA, der Internationale Währungsfonds (IWF), die EU-Mitgliedsstaaten – in dieser Situation erwarteten sie alle von Deutschland, die Führung bei der Überwindung der Schuldenkrise zu übernehmen. Immerhin stellte auch Merkel die Frage nach dem Schicksal Europas: »Fällt der Euro, fällt Europa«, prophezeite sie und sprach von der schwierigsten Herausforderung seit Ende des Zweiten Weltkriegs.

Wie kein anderes Land ist Deutschland dafür prädestiniert, den Weg zur Beilegung der Euro-Krise aufzuzeigen. Als bevölkerungsstärkstes Land in der EU, als der Staat mit den meisten Stimmen im EU-Ministerrat leistet es den größten Beitrag zum EU-Haushalt und damit auch zu finanziellen Rettungsaktionen für angeschlagene Mitgliedsstaaten der Eurozone. Die deutsche Volkswirtschaft lebt vom Export, und fast zwei Drittel der deutschen Ausfuhren gehen in andere EU-Staaten. Die europäische Einigung hat Deutschland eine Periode des Friedens und des Wohlstands, wie nie zuvor in seiner Geschichte, beschert.

Um sich vor Augen zu führen, wie sehr sich Deutschlands Rolle in der EU verändert hat und welche Erwartungen auf Merkel lasten, lohnt ein Blick zurück auf frühere Kanzlerschaften. So ließ Bundeskanzler Helmut Kohl nie einen Zweifel an seinem tiefen Glauben an Europa. Für ihn war selbstverständlich, sich für die europäische Integration, die Erweiterung der EU und die gemeinsame europäische Währung einzusetzen. Neben der deutschen Einheit war Kohls Markenzeichen die Europapolitik. Für seine Vision von Europa und einer friedlichen Zukunft des Kontinents war er sogar bereit, die D-Mark aufzugeben.

Kohl gehört noch zu jener Generation, die als Jugendliche den Zweiten Weltkrieg und die Zerstörung des Landes, die Armut und die Vertreibung von Millionen Deutschen erlebt hat. Er wusste instinktiv um die unbedingte Notwendigkeit des europäischen Integrationsprozesses für die Verankerung der Demokratie in Deutschland, für die Aussöhnung mit den Nachbarn – insbesondere Frankreich – und den wirtschaftlichen Wohlstand des Landes.

Kohl ließ keine Gelegenheit verstreichen, seine Überzeugungen öffentlich zu vertreten, auch wenn dies in seiner eigenen Partei und der Bevölkerung nicht immer gut ankam. Im Vorfeld der Bundestagswahl 1998 musste er sich vom politischen Gegner sogar vorwerfen lassen, er kümmere sich zu sehr um Europa und vernachlässige darüber dringend erforderliche Reformen in der Arbeitsmarkt- und Sozialpolitik. Kohls Leistungen für die europäische Einigung sind ohne Frage historisch. Schon in den 1990er Jahren aber gab es Kritik an der Konstruktion der Währungsunion, an der Auswahl der Teilnehmer und den unzureichenden Regelungen für Krisenfälle. Kohls politischer Herausforderer Gerhard Schröder erntete Anfang 1998 heftige Kritik, als er vom Euro als einer »kränkelnden Frühgeburt«[1] sprach. Aus heutiger Perspektive waren das prophetische Worte!

Mit der Wahl Schröders zum Bundeskanzler der ersten rot-grünen Koalition auf Bundesebene wurde die Europapolitik ohnehin sehr viel nüchterner. Ein werte- und ideenorientierter Ansatz, wie ihn Kohl verkörpert hatte, war Schröder fremd. Er kündigte an, sich »herunter von den strategischen Hügeln der Mühsal der Ebene« stellen zu wollen, deutsche Interessen in Europa stärker zu verteidigen und Deutschlands Rolle als »Zahlmeister Europas« zu beenden. Schröders vorrangiges Interesse galt der Innenpolitik, worunter zunächst auch die deutsch-französischen Beziehungen litten. Anfangs hegten Schröder und der französische Präsident Jacques Chirac wenig Sympathie füreinander.

Im Laufe seiner ersten Amtszeit erkannte Schröder jedoch, dass ihm die Außen- und Europapolitik eine Bühne bot, die auch innenpolitisch von Nutzen sein konnte. Er entwickelte großes Interesse an Russland und China. Zum Wohle der deutschen Wirtschaft scheute Schröder keine Mühe, die Beziehungen zu diesen Ländern auszubauen.

Nicht nur aus Wahlkampftaktik, sondern auch aus einer gewissen persönlichen Überzeugung heraus überwarf sich Schröder im Vorfeld der Irak-Invasion mit dem damaligen republikanischen US-Präsidenten George W. Bush. Die Details dieses außergewöhnlichen Konfliktes, der die NATO in eine tiefe Krise stürzte und die Europäische Union fast auseinanderriss, sind gut dokumentiert. Schröders Entscheidung, mit den USA zu brechen und eine »Anti-Kriegs-Achse« mit Frankreich und Russland zu bilden, war bemerkenswert. Sie zeigte, dass Deutschland bereit war, seine ausgleichende und konsensorientierte Rolle innerhalb der EU in Frage zu stellen und selbstbewusst nationale Interessen zu vertreten. Aber nicht nur in dieser Frage brach Schröder mit Kohls Außen- und Europapolitik.

In seiner zweiten Amtszeit beging Schröder einen Tabubruch, der weitreichende Folgen haben sollte. Es ging um den Europäischen Stabilitäts- und Wachstumspakt, den Kohl und sein Finanzminister Theo Waigel in der zweiten Hälfte der 1990er Jahre gegen große Widerstände in der EU erkämpft hatten. Um die Mitglieder der Eurozone dauerhaft zu solider Haushaltsführung zu zwingen, enthielt der Pakt strikte Regeln, u. a. zur Begrenzung des jährlichen Haushaltsdefizits im Verhältnis zum Bruttoinlandsprodukt. Doch im Jahr 2004 uferte die deutsche Neuverschuldung so aus, dass ausgerechnet Deutschland diesen Stabilitätspakt verletzte. Dies kratzte, vorsichtig ausgedrückt, am Image des Landes, das bisher stets auf strikter Währungs- und Fiskalpolitik und der unbedingten Einhaltung der EU-Regeln beharrt hatte. Deutschlands Ruf als Musterschüler in der EU war angeschlagen.

Schröder begann zudem eine Diskussion über den deutschen Beitrag zum EU-Haushalt und stellte die Rolle Deutschlands als größter Nettozahler in Frage. Seine Forderung nach einer Verringerung der finanziellen Belastung zeigt, wie grundlegend sich in seiner Regierungszeit der europapolitische Ansatz der Bundesregierung veränderte. So hatte Kohl fast immer die »méthode communautaire«, das gemeinschaftliche Prinzip der EU, unterstützt. Darunter verstand er, dass die nationalen Regierungen schrittweise ihren Einfluss und ihre Befugnisse an die EU-Institutionen übertragen sollten. Die zentrale Rolle kam der EU-Kommission als der Keimzelle einer künftigen europäischen Regierung zu. Selbst unter Kohl bedeutete das allerdings nicht, dass Deutschland seine nationalen Interessen außer Acht gelassen hätte. So wehrte er sich vehement gegen Kommissionsforderungen nach einer Liberalisierung des Sparkassen- oder des Energiesektors. Trotzdem waren Kohls vorrangige Interessen gemeinschaftlicher Natur. Schröder verfolgte dagegen einen intergouvernementalen Ansatz: Er sah die nationalen Regierungen als die primär handelnden Akteure an und versuchte, den Einfluss der Kommission zurückzudrängen.

Die Betrachtung der Amtszeiten Kohls und Schröders ist für unser Thema wichtig, weil sie den Hintergrund der Merkel'schen Politik darstellen. Hätte es Schröder und seine Distanz zur EU nicht gegeben, wäre dem deutschen Publikum sehr viel schneller aufgefallen, wie sehr es auch Angela Merkel an europapolitischer Überzeugung fehlt.

Merkel wurde im September 2005 zur Bundeskanzlerin gewählt. Anders als ihre Vorgänger widmete sie sich nach dem Amtsantritt sofort der Außenpolitik[2] und beeilte sich, die angeschlagenen Beziehungen zu den Vereinigten Staaten zu reparieren. Gegenüber dem russischen Präsidenten Wladimir Putin legte sie große Zurückhaltung an den Tag; seine Geringschätzung der Menschenrechte und Rechtsstaatlichkeit wurde von ihr öffentlich kritisiert. Auch gegenüber der chinesischen Führung äußerte sich Merkel sehr viel freimütiger als Schröder. Das betraf die Unterdrückung von Dissidenten, aber auch die Art, wie sich China über Schutz- und Urheberrechte hinwegsetzte. Schließlich vollzog Merkel eine Wende auch in Bezug auf die Staaten Mittel- und Osteuropas. Während Schröder für sie wenig Interesse aufgebracht hatte, versicherte Merkel, in ihrer Regierungszeit werde Deutschland keine Vereinbarungen mit Russland treffen, die die Sicherheitsinteressen dieser Länder gefährden könnten. So versprach Merkel Polen, sie werde dafür sorgen, dass die Nord-Stream-Pipeline, die Gazprom zusammen mit E.ON und Wintershall baut, nicht zu Beeinträchtigungen der Energiesicherheit im Nachbarland führen werde.

Es war jedoch vor allem Merkels energisches und engagiertes Auftreten während der deutschen EU-Ratspräsidentschaft in der ersten Hälfte des Jahres 2007, das Europa und die Welt beeindruckte. Vor allem die kleineren Mitgliedsstaaten der Europäischen Union fühlten sich nach Jahren der Missachtung unter Schröder erstmals wieder ernst genommen. Dank Merkels Einsatz gelang während der deutschen EU-Präsidentschaft auch der Durchbruch für den Vertrag von Lissabon.

Merkel hatte zugleich den Vorsitz der G8 inne, eine Rolle, die ihr breite internationale Aufmerksamkeit sicherte. In dieser Zeit war sie auf der internationalen Bühne so sehr in ihrem Element wie zu keiner anderen Zeit ihrer Amtsführung. Sie genoss ihre Rolle als Gastgeberin für Staats- und Regierungschefs aus aller Welt. Woher man das weiß? Merkel selbst war es, die solche Gipfeltreffen und Zusammenkünfte einmal als »großen Spaß« bezeichnete.

Die Wende kam mit der globalen Finanzkrise, die im Sommer 2007 zunächst als Immobilienkrise in den USA begann und ihren vorläufigen Höhepunkt mit dem Zusammenbruch der US-Investmentbank Lehman Brothers im September 2008 erreichte. Merkels Spaß an der internationalen Politik nahm im selben Umfang ab, wie die Sorgen der Deutschen wegen der Krise zunahmen. Sehr nüchtern reagierte sie zunächst mit der Forderung nach internationalen Regeln für mehr Transparenz und einer besseren Regulierung. Doch als die Angst der Deutschen vor dem Verlust ihrer Spareinlagen zunahm, versprach sie zusammen mit ihrem damaligen Finanzminister Peer Steinbrück, die Bundesregierung werde notfalls in voller Höhe für die Ersparnisse der Bürger bei den

Geldinstituten einstehen. Um große Banken wie die Hypo Real Estate oder die Commerzbank vor dem Zusammenbruch zu bewahren, sah sich die Koalition schließlich gezwungen, ein 500-Milliarden-Euro-Bankenrettungsprogramm aufzulegen, das in der von Sparzwängen betroffenen Öffentlichkeit große Empörung auslöste.

In diese Zeit fiel auch eine Maßnahme, die mich besonders beeindruckt hat: die Ausweitung des Kurzarbeitergeldes von sechs auf höchstens 24 Monate. In dieser Zeit zahlt die Bundesagentur für Arbeit den Beschäftigten 60 Prozent ihres Lohnes. Dies ermöglicht Betrieben, trotz schlechter Auftragslage ihre Mitarbeiter zu halten, um in dem Moment, in dem die Konjunktur wieder anzieht, sofort einsatzbereit zu sein. Meines Wissens gibt es kein anderes Land, das über ein solches Instrument verfügt. Mit Sicherheit hätte Deutschland in den letzten Jahren kein so beneidenswertes Wirtschaftswachstum erlebt, wenn das Kurzarbeitergeld es den Betrieben nicht ermöglicht hätte, an ihren Facharbeitern festzuhalten.

Im Fall der Finanzkrise waren die von der Großen Koalition eingeführten Maßnahmen wirksam und erfolgreich. Aber sie verengten den Blick auf das Nationale. Wenn ich heute in meinen Aufzeichnungen lese, ist offenkundig, dass Merkel damals ein weit größeres Interesse daran hatte, Arbeitsplätze in Deutschland zu sichern, als sich um die Auswirkungen der globalen Finanzkrise auf den Rest der EU zu kümmern. Doch welcher Regierungschef hätte anders gehandelt?

Als in den Jahren 2010 und 2011 das amerikanische und das europäische Wirtschaftswachstum schwächelten, richtete die deutsche Exportindustrie, allen voran die Autoindustrie, ihr Augenmerk auf Chinas boomende Märkte. Es gab immer mehr reiche Chinesen, die deutsche Luxuskarossen kaufen wollten. Ende 2010 konnte das Instrument der Kurzarbeit wieder ausgesetzt werden. So gab beispielsweise BMW bekannt, aufgrund der gestiegenen Nachfrage aus China zusätzliche Arbeitskräfte einzustellen.

Während in der übrigen Welt die Auswirkungen der Finanzkrise abebbten, brach in der Eurozone die Staatsschuldenkrise aus. Im Oktober 2009 legte Griechenland einen Offenbarungseid in Bezug auf das tatsächliche Ausmaß seiner Staatsverschuldung ab und bat die EU und den IWF um Hilfe. Die Krise griff schnell auf Irland, Spanien und Portugal über, deren Volkswirtschaften unter hohen Staatsdefiziten, einem schwachen Bankensektor und mangelnder Wettbewerbsfähigkeit litten. Es folgten Spekulationen gegen den Euro auf den Finanzmärkten und Herabstufungen der Kreditwürdigkeit einzelner Länder durch Rating-Agenturen. Deutschland bekam zunehmend Angst, in den Sog der Krise gezogen zu werden.

Die Krise beanspruchte nun Merkels ganze Aufmerksamkeit und dominierte ihre zweite Amtszeit als Bundeskanzlerin. Innenpolitisch wurde heftig um den richtigen Kurs gestritten. Als Deutschland sich mit Kreditbürgschaften über 123 Milliarden am ersten Euro-Rettungsschirm beteiligen wollte, griff die Opposition die Kanzlerin frontal an. SPD-Fraktionschef Frank-Walter Steinmeier sagte in einer Bundestagsdebatte über das Euro-Rettungspaket, Merkel wirke ratlos, kraftlos und wie eine Getriebene der Märkte. Das

Stabilitätsprogramm, so der Vorwurf der Opposition, sei an Deutschland vorbei vorbereitet worden, die deutsche Führungsrolle in Europa liege brach. Wahrscheinlich stimmte das – aber zu den Merkwürdigkeiten des Phänomens Merkel gehört, dass sich die deutschen Wähler in der Euro-Krise von der Kanzlerin bis zum heutigen Tag ziemlich gut vertreten fühlen.

In anderen EU-Ländern bezeichnete man Merkel nun auf einmal als »Madame Non« und als »Zerstörerin der europäischen Idee«. Der Vorwurf: Statt Vorschläge zur Bewältigung der Krise zu entwickeln, konzentriere sie sich auf das Abwehren finanzieller Ansprüche gegenüber Deutschland. In der Diskussion um mögliche Maßnahmen der EU, der Krise zu begegnen – Schuldenerlass, Hilfskredite und Bürgschaften, Euro-Rettungsschirm, Schuldenbremse, Eurobonds, Ankauf von Staatsanleihen durch die Europäische Zentralbank (EZB), und schließlich, als letztes Mittel, der Euro-Austritt einzelner Staaten –, ließ Deutschland unter Merkel einen konsistenten, kohärenten und durchdachten Ansatz vermissen. Mehrmals wurde die deutsche Öffentlichkeit Zeuge, dass Merkel eine dieser Maßnahmen zunächst kategorisch ausschloss, nur um ihr nach einigen Monaten schließlich doch zuzustimmen.

Merkels Fokus in der Euro-Krise lag natürlich zunächst einmal darauf, deutsche Interessen zu verteidigen, also den Einsatz von deutschen Steuergeldern zur Rettung von verschwenderischen und reformunwilligen Krisenstaaten zu vermeiden. Tatsächlich gehen für Merkel Finanzhilfen und Reformen Hand in Hand. Unermüdlich weist sie darauf hin, dass dies zwei Seiten derselben Medaille seien. Hier wird deutlich, dass Merkels Europapolitik untrennbar mit ihren wirtschaftspolitischen Überzeugungen verbunden ist.

In der Euro-Krise verhält sich die Kanzlerin wie ihr Vorgänger Schröder: Sie vermittelt den Eindruck, dass sie anstatt eines von der Kommission geführten Europas ein Europa der Mitgliedsstaaten präferiert. Die Gründe für ihre Distanz zur Kommission sind offensichtlich. Merkels Mitarbeiter haben immer wieder durchblicken lassen, dass aus ihrer Sicht EU-Kommissionspräsident José Manuel Barroso der Euro-Krise nicht gewachsen ist und zudem ein zu großes Interesse hat, diese zu nutzen, um der Kommission neue Zuständigkeiten zu sichern. Dass Merkel – gemeinsam mit ihrem Busenfreund Nicolas Sarkozy, dem damaligen französischen Präsidenten – überhaupt erst dafür gesorgt hatte, dass der politisch schwache Barroso eine zweite Amtszeit bekam, darüber sprechen Merkels Berater weniger gern. Vielleicht ließ sie sich dabei von dem Kalkül leiten, sich Barroso zu verpflichten. Ein schwacher Kommissionspräsident kommt Merkel in vielerlei Hinsicht gelegen.

Zwei Hauptakteure hatte die Bundesregierung in dieser Finanzkrise aufzubieten, zwei Politiker, wie sie in Bezug auf Europa nicht unterschiedlicher sein könnten:

Während sich Merkel im Wesentlichen darauf beschränkte, die Unterstützung anderer Mitgliedsstaaten für strenge Spar- und Reformmaßnahmen einzufordern, dachte Finanzminister Wolfgang Schäuble über die Zukunft des Kontinents nach. Kaum etwas macht die Schwächen der deutschen Kanzlerin so deutlich wie der Vergleich zu diesem Mann und seinem Schatz an europäischen Überzeugungen. Zwar sieht sich auch Schäuble einer strikten Währungs- und Finanzpolitik verpflichtet; auch er achtet unbedingt darauf, deutsche Sanierungsbeiträge möglichst gering zu halten. Aber Schäuble hat aus der Euro-Krise vor allem die Schlussfolgerung gezogen, dass Europa mehr politische Integration braucht und die Mitgliedsstaaten in Zukunft mehr Befugnisse an Brüssel abgeben müssen.

Schäuble ist ein besonderer Politiker, nicht nur, weil er ein Attentat überlebt und den Skandal um die CDU-Parteispendenaffäre überstanden hat.[3] Er hat ein untrügliches Gespür für Europa und dessen Geschichte und ist zutiefst davon überzeugt, dass nur ein starkes Europa eine Zukunft hat. Ohne vertiefte Integration werde die EU keine größere Rolle als Regional- oder gar als Weltmacht spielen. Schäuble will auf dem Weg weiter voranschreiten, den die Gründerväter der Europäischen Gemeinschaft für Kohle und Stahl den Europäern vorgezeichnet haben.

Schäubles bemerkenswerte Dankesrede anlässlich der Verleihung des Aachener Karlspreises am 17. Mai 2012 verdeutlicht sein Verständnis von Europa. »Europa ist, Europa muss und Europa kann mehr als Kleinstaaterei, als Neid, Misstrauen, Hass und Kampf sein«, sagte der Preisträger. Mich hat gerade diese Rede tief berührt. Schäuble ist ein europäischer Visionär; einer der letzten, die in Deutschland heute noch Posten und Einfluss haben.

In seiner Rede kritisierte Schäuble all diejenigen, die Europa auf finanzielle Fragen reduzieren, genauso wie jene, die Frieden und Stabilität auf dem Kontinent für selbstverständlich halten. Er forderte starke, funktionsfähige und für die Bevölkerung verständliche europäische Institutionen. »Und die müssen demokratisch legitimiert über das entscheiden, was nur europäisch entschieden werden kann. Denn nur so werden wir unsere Bürger auf diesen europäischen Weg mitnehmen.«

Schäuble präsentierte auch konkrete Vorschläge für die Weiterentwicklung der EU: »Ich finde, wir sollten uns zutrauen, einen Kommissionspräsidenten in direkter Wahl wählen zu lassen, wir sollten uns zutrauen, auf nationale Entsenderechte in die Kommission zu verzichten, wir sollten die Kommission als europäische Regierung entwickeln und ein Zweikammersystem schaffen mit einem aus gleicher, allgemeiner Wahl hervorgegangenen Europäischen Parlament und einer Länderkammer mit degressiver Proportionalität. Und, meine Damen und Herren, die Welt wird nicht allzu lange auf uns warten; und deshalb gilt es, schnell zu handeln.«[4] Sicher ist, dass Schäuble nur allzu bewusst ist, wie viele Aufgaben in Europa bisher unerledigt geblieben sind. Er setzt auf das Potenzial Europas.

Und Angela Merkel? Ihre technokratische, fast ahistorische Sicht auf die Europäische Union lässt sich ein Stück weit mit ihrer Herkunft aus der kommunistischen DDR erklären. Merkel ist, anders als Kohl oder Schäuble, nicht mit der Verpflichtung auf die europäische Einigung und die Westbindung der Bundesrepublik aufgewachsen. Ihr fehlt Schäubles Bewusstsein, dass es dringend erforderlich ist, die unerledigte Aufgabe der europäischen Integration zu Ende zu führen. Zugleich fehlt ihr die emotionale Bindung zum europäischen Projekt.

Europa ist für sie keine Herzensangelegenheit, sondern ein Problembereich, den es Schritt für Schritt zu lösen gilt. Dabei achtet sie sehr genau darauf, wie ihre Maßnahmen in der Bevölkerung ankommen. Auch in der Europapolitik ist ihr Stil nüchtern, analysierend und sachlich. Emotionale Gesten und Pathos sind ihr fremd.

Nur an einer Stelle führt uns die Euro-Krise möglicherweise an einen Punkt heran, an dem Merkels sonst so gut versteckte innere Überzeugung einmal sichtbar wird. Es geht um die Frage, wie sich Spar- und Wachstumspolitik in der Krise vereinbaren lassen. Viele Kommentatoren innerhalb und außerhalb Deutschlands werfen Merkel vor, sie sei von der Notwendigkeit von Spar- und Restrukturierungsmaßnahmen derart besessen, dass sie die Notwendigkeit von Wachstumsanreizen völlig außer Acht lasse. So werde Europa aber nicht den Weg aus der Rezession herausfinden. Die Glaubwürdigkeit des Euro und der Kerngedanke der Währungsunion würden weiter geschwächt. Diese Kritik macht deutlich, wie ideologisch aufgeladen die Diskussion über den richtigen Umgang mit der Euro-Krise in Europa – und übrigens auch in den Vereinigten Staaten – ist. Höhere Ausgaben oder ein strengerer Sparkurs? Welcher Ansatz wird am Ende erfolgreich sein?

Sowohl Merkels CDU als auch die SPD bezweifeln, dass es möglich ist und der Wettbewerbsfähigkeit einer Volkswirtschaft hilft, wenn man versucht, gleichzeitig zu sparen und Wachstumsimpulse zu setzen. Das wäre so, als würde man das Finanzministerium bitten, das Haushaltsdefizit einzuschränken und gleichzeitig mehr für umfangreiche Arbeitsbeschaffungsmaßnahmen auszugeben. Während linke Politiker traditionell eher einen wachstumsorientierten Ansatz verfolgen, setzen Konservative auf Sparmaßnahmen. Sie sehen sich darin durch die Erfahrungen der deutschen Einigung bestärkt: Als Deutschland unter Kanzler Kohl in den 1990er Jahren Billionen D-Mark für die Wiedervereinigung der beiden deutschen Staaten benötigte, wurden Wettbewerbsfähigkeit und Produktivität vernachlässigt, von Reformen auf dem Arbeitsmarkt ganz zu schweigen. Erinnert sich noch jemand an den Titel des *Economist*: »Deutschland, der kranke Mann Europas«?[5] Deutschland rutschte in eine lange Phase der Stagnation, in der die Arbeitslosigkeit stetig anstieg. Ein Vermächtnis, das Schröder erbte.

Es sollte aber noch bis zum Beginn von Schröders zweiter Amtszeit dauern, bis seine Regierung mit den bedeutenden Sozial- und Arbeitsmarktreformen begann, die als Agenda 2010 bekannt wurden. Den Reformen lag die Idee zugrunde, Arbeitslosen einerseits den Wiedereinstieg in den Arbeitsmarkt zu erleichtern, sie andererseits aber durch Kürzungen bei den Sozialleistungen zu bestrafen, wenn sie einen Job ablehnten. Auch in der Wirtschaft gab es durch flexiblere Einstellungs- und Kündigungsregelungen grundlegende Veränderungen.[6]

Die Agenda 2010 war ein Akt großen politischen Muts – und vielleicht auch großer politischer Verzweiflung angesichts einer ganzen Serie von Landtagswahlen, die die SPD unter Schröders Führung verloren hatte. Auch der Kanzler selbst musste für diese Reformen einen hohen Preis bezahlen. Die SPD zerstritt sich im Für und Wider gründlich, und nach einem denkbar knappen Rennen verlor Schröder 2005 die Bundestagswahl gegen die CDU.

Merkel hat zwei Lehren aus Schröders Reformen gezogen: Sie hat begriffen, wie viel Mut ihre Durchsetzung erfordert, vor allem von einem linken Politiker. Und sie hat verstanden, dass Reformen Zeit benötigen, bis sie Wirkung zeigen, weswegen es nun Merkel ist, die von Schröders Mut profitiert. Wenn die Kanzlerin heute den Euro-Krisenländern Sparmaßnahmen und Restrukturierung empfiehlt, tut sie das aus ehrlicher Überzeugung. Sie glaubt tatsächlich, dass sich solche Maßnahmen langfristig auszahlen. Man bedenke nur, wie positiv sich die niedrigeren Arbeitskosten auf die Wettbewerbsfähigkeit der deutschen Wirtschaft ausgewirkt haben.

Weniger überzeugend klingt die Kanzlerin, wenn sie versichert, die sozialen Nöte zu verstehen, die in Griechenland, Spanien, Portugal und Irland durch Kürzungen im öffentlichen Dienst und bei den Sozialausgaben verursacht werden. Merkel hat Besuche in den Krisenländern so lange wie möglich vermieden. Der Reflex zur Solidarität in Europa scheint ihr fremd zu sein. Sie wird vom politisch Notwendigen getrieben und lässt sich nicht von Mitgefühl leiten.

Mittlerweile widmet sich die Kanzlerin in der Europapolitik zunehmend der Beseitigung der Konstruktionsmängel der Währungsunion. Schon in den 1990er Jahren hatten Kritiker bemängelt, eine Wirtschafts- und Währungsunion ohne politische Union müsse zum Scheitern verurteilt sein. Doch auf eine so weitreichende Integration wollten sich die europäischen Regierungschefs damals noch nicht einlassen.

Die Erkenntnis, dass mehr Integration zumindest im Finanz- und Wirtschaftsbereich zur Abwendung weiterer Euro-Krisen unvermeidlich ist, hat sich inzwischen in den meisten EU-Hauptstädten durchgesetzt. Einen ersten Schritt vollzogen 25 der 27 EU-Mitglieder im März 2012 mit der Unterzeichnung eines Vertrages über striktere Haushaltsdisziplin, ausgeglichene Haushalte und nationale Schuldenbremsen. Dieser EU-Fiskalpakt sei, so Merkel, ein wesentlicher Schritt hin zu Elementen der politischen Union und ein Meilenstein in der Geschichte der EU.

Schöne Worte – aber auf Ausführungen im Detail verzichtete die Kanzlerin. Weder in Europa noch in Deutschland gibt es derzeit Mehrheiten für eine echte politische Union in Europa. Auch Merkel selbst hat vermutlich viel zu viel Spaß – um jenes Wort aus dem Jahr 2007 aufzugreifen – an der Ausübung der deutschen Vormachtrolle in Europa, um wesentliche Befugnisse an Brüssel abgeben zu wollen. Das Phänomen Merkel versteht man noch am ehesten, wenn man immer wieder darauf schaut, wie diese Frau an der Wahrung und Mehrung ihrer Macht arbeitet.

Weiter gehende Ideen wie die eines Vertragskonvents zur Erarbeitung von Vorschlägen für eine politische Union fanden in Europa bisher ohnehin keine Mehrheit. Auf dem EU-Gipfel im Dezember 2012 vereinbarte man lediglich eine lockere Gesprächsrunde zur Zukunft der EU. Aber auch innenpolitisch ist Merkels Vorsicht wohlbegründet. Der euroskeptische Flügel der CDU und vor allem die CSU lehnen eine stärkere Integration ab. Sie befürchten einen zu großen Verlust von Souveränität. So kommt es zu dieser merkwürdigen Rhetorik, bei der Merkel immer wieder mehr Integration fordert, jede Festlegung auf Konkretes aber unbedingt vermeidet. »Ich glaube, die erste Frage muss doch sein: Sind wir bereit, mehr Europa zu wagen? Dazu darf ich sagen: Das Jahr 2011 hat gezeigt: Ja, wir sind dazu bereit. Das ist die gute Botschaft«, sagte Merkel beispielsweise auf dem Weltwirtschaftsforum in Davos im Januar 2012.[7]

Deutlicher wird sie, wenn es um etwas geht, von dem sie wirklich überzeugt ist: dass Deutschland so lange nicht bereit ist, sein Geld einer Fiskalunion anzuvertrauen, bis die Volkswirtschaften der Eurozone ausreichend wettbewerbsfähig sind. »Deshalb gestatten Sie mir eine Bemerkung in eigener Sache: Jedes unserer Länder in Europa ist ein starkes Land; manche etwas stärker, manche weniger stark«, so Merkel in Davos. »Von Deutschland denkt man, dass es besonders stark ist. Deutschland ist relativ groß, Deutschland ist auch relativ stark. Aber in Deutschland sagt man nicht: Wir wollen nicht solidarisch sein, wir wollen keine Verbindlichkeiten eingehen. Das ist überhaupt nicht unser Problem. Wir haben vom ersten Tag an gesagt: Wir stehen für den Euro ein. Aber wir möchten nicht in eine Situation geraten, in der wir etwas versprechen, das wir zum Schluss gar nicht repräsentieren können. Denn wenn Deutschland stellvertretend für alle europäischen Länder etwas verspricht, das bei harter Attacke der Märkte nicht einlösbar ist, dann hat Europa eine ganz offene Flanke.«

Es lohnt sich, der Kanzlerin bei dieser Rede noch einen Moment länger zuzuhören, denn in Davos legte sie ihre Überzeugungen so deutlich dar wie selten: »Im Jahr 2000 haben sich die europäischen Staats- und Regierungschefs vorgenommen: Bis 2010 soll Europa der wettbewerbsfähigste Kontinent sein. Das haben wir offensichtlich nicht ganz geschafft. Aber wir haben in der letzten Zeit erkannt, dass sich in diesem Bereich etwas ändern muss. Deshalb sind nicht nur die Austeritätsmaßnahmen, die jetzt sehr im Vordergrund stehen, das Prägende, sondern genauso wichtig sind für mich die strukturellen Reformen, die angegangen werden und die zu mehr Arbeitsplätzen führen werden. Davon bin ich zutiefst überzeugt. Das zeigen im Übrigen auch all die Beispiele, die wir in Europa erlebt haben [...]. Aber jeder weiß: So etwas dauert länger als zwölf oder 18 Monate. Es ist jetzt ganz wichtig, dass wir einen langen Atem haben, um diese Reformen wirken zu lassen, und nicht auf halbem Wege wieder umkehren und sagen: Das bringt doch alles nichts.«

Die deutsche Diskussion über Europa und seine Zukunft ist keine Trockenübung. Wie Deutschland handelt und was es denkt, ist wichtig. Nach China ist es eine der weltweit führenden Exportnationen. Dass Deutschland das geschafft hat, obwohl es nur einen Bruchteil der Bevölkerung und des Territoriums Chinas aufzuweisen hat, zeigt, zu welchen außergewöhnlichen Leistungen dieses Land imstande ist. Seine Entscheidungen haben Einfluss auf die Weltwirtschaft und speziell die Europäische Union. In der Euro-Krise ging und geht es nicht in erster Linie darum, ob Griechenland seinen Verpflichtungen nachkommt oder aus der gemeinsamen Währung aussteigt. Es geht um etwas viel Wichtigeres: Nach mehr als 60 überwiegend erfolgreichen Jahren des gemeinsamen Aufbaus der Institutionen offenbart die Krise plötzlich und auf erschreckende Weise, wie brüchig die europäische

Gemeinschaft ist. Mit der Krise kehrte die Vergangenheit mit solcher Macht zurück, dass sie Sicherheit, Stabilität und Solidarität des Kontinents bedroht – eben jene Werte, auf denen die Europäische Union doch basiert. Ich erinnere mich an die Schlagzeilen griechischer Zeitungen in den Jahren 2011 und 2012. Nirgendwo sonst wurden die Erinnerungen an die Vergangenheit so eindringlich, so giftig und gefährlich wiederbelebt wie in Griechenland. Berlin wurde beschuldigt, Griechenland mit der gleichen Brutalität zu behandeln wie Nazi-Deutschland im Zweiten Weltkrieg. Die Fotomontage einer griechischen Boulevardzeitung im Frühling 2012 kurz vor der dortigen Parlamentswahl zeigt Kanzlerin Merkel in Militäruniform mit einer Armbinde, auf der das Hakenkreuz prangt. Das ist ein Foto, das Angela Merkel vermutlich weder vergeben noch vergessen wird.

Für das deutsche Image in Griechenland spielte es dabei keine Rolle, welchen Beitrag Berlin zur Rettung Griechenlands leistete oder dass es die Troika aus IWF, EZB und Europäischer Kommission ist, die für die Überwachung der Reformen verantwortlich ist, denen Griechenland im Übrigen selbst zugestimmt hat. Deutschland ist der Bösewicht, ganz egal, ob es Griechenlands wirtschaftliche Probleme verursacht hat oder nicht. »Die Griechen kritisieren Deutschland so heftig, weil Institutionen, anders als Führungsfiguren, unwirklich erscheinen«, erklärt Pavol Demes, der Direktor des slowakischen Büros des German Marshall Fund der Vereinigten Staaten.

Das Thema der deutschen Vergangenheit lohnt einen Exkurs, gerade weil alle deutschen Regierungen versucht haben, sich mit den Ländern, die Deutschland während des Zweiten Weltkriegs besetzt hatte, zu versöhnen. Kein einfaches Unterfangen: Die Naziherrschaft in Osteuropa und auf dem Balkan war so schrecklich und grausam, dass die Geister der Vergangenheit bis heute lebendig sind. Selbst einige der großen westeuropäischen Staaten haben noch immer Angst vor einem Wiedererstarken Deutschlands. Und das, obwohl Deutschland in der Vergangenheit Europa stets den Vorrang in politischen sowie verteidigungs- und sicherheitspolitischen Fragen eingeräumt hat.

Auch Angela Merkel hat sich um Versöhnung bemüht. Dabei war ihr in ihrer zweiten Amtszeit ein besonderer Erfolg vergönnt. Denn die bemerkenswerteste Veränderung, wie aus gegenseitigen Schuldzuweisungen und Verdächtigungen Respekt erwuchs, vollzog sich in Deutschlands Verhältnis zu Polen. Jede deutsche Regierung wusste um die Notwendigkeit, die Beziehungen zum größten östlichen Nachbarland zu verbessern. Wie es gerade Merkel gelang, hier einen Durchbruch zu erreichen, wird uns in diesem Buch noch beschäftigen. Aber auch die Beziehungen zur Tschechischen und zur Slowakischen Republik sowie zu Ungarn gedeihen. Der slowakische Außenminister Mikuláš Dzurinda bezeichnete das Jahr 2011 als das »Jahr Deutschlands«: Noch nie seien die Beziehungen zwischen den beiden Ländern so gut gewesen.

Man fragt sich unwillkürlich, ob sich das ändern würde, wenn eines dieser Länder gezwungen wäre, die gleichen schwierigen Reformen wie Spanien, Portugal, Irland und Griechenland umzusetzen. Aus diesem Grund sollte sich

Merkel – wie jeder Regierungschef in der EU – stärker um den Zusammenhalt Europas bemühen. Wann immer eine Wirtschaftskrise aufkommt, lässt sich die Vergangenheit dazu nutzen, die Schuld für eigene Fehler abzuschieben. Auch deutsche Medien veröffentlichten populistische Artikel, in denen sie Griechenland beschimpften. Interessanterweise tun sie das aber nicht im Fall Irlands, Spaniens oder Portugals.

Ich habe mich oft gefragt, warum die deutschen Medien so kritisch gegenüber den Griechen und ihrer politischen Klasse eingestellt sind. Abgesehen von all den Vorwürfen über Korruption, Verschwendung und aufgeblähte Bürokratie dürfte ein Grund sein, dass die griechische Regierung über viele Jahre hinweg ihre Statistiken schönte, um so überhaupt erst Zugang zur Währungsunion zu erlangen.

Dabei trifft auch die Kommission und die Mitgliedsstaaten eine Mitschuld. Als Griechenland im Jahr 2001 den Euro einführte, wussten viele Wirtschaftsexperten, dass Athen die Beitrittskriterien nicht erfüllte. Auch kamen damals schon Fragen nach der Verlässlichkeit der Finanzstatistiken auf. Trotzdem durfte es dem »Euroclub« beitreten.

Während Griechenland damit kämpft, seine finanzielle, wirtschaftliche und strukturelle Krise in den Griff zu bekommen, wird die Idee eines Europas der zwei Geschwindigkeiten wieder vermehrt diskutiert. Schäuble und sein Parteifreund Karl Lamers hatten ihren viel beachteten und sehr kontroversen Essay zu diesem Thema bereits 1994 veröffentlicht.[8] In seiner Aachener Rede führte Schäuble nun aus, dass »Lamers und ich mit dem festen Kern, den wir für Europa für notwendig gehalten haben und immer noch für notwendig halten, nicht für eine dauerhafte Spaltung Europas plädiert [haben], sondern wir haben ganz im Gegenteil ein Instrument vorgeschlagen, um auf Dauer ganz Europa – immer streng nach dem Prinzip der Freiwilligkeit – zu einigen«.

Tatsächlich ist ein Kerneuropa für Schäuble deshalb so attraktiv, weil es die Integration zumindest eines Teils der Gemeinschaft beschleunigen könnte. In der Realität existiert es bereits in verschiedenen Konstellationen. Zum einen gibt es die Gruppe der Schengen-Staaten, die Grenzkontrollen untereinander abgeschafft haben. Zum anderen gibt es die Staaten der Eurozone, die Ende 2011 beschlossen haben, mindestens zwei Mal jährlich Eurogipfel abzuhalten, die von den Euro-Finanzministern vorbereitet werden sollen. Ohne die Möglichkeit differenzierter Mitgliedschaften wäre die europäische Integration wohl bereits zum Stillstand gekommen.

Und wieder sehen wir den Gegensatz zwischen der Kanzlerin und ihrem Finanzminister: Während sich Schäuble mit seiner Forderung nach einem Europa der zwei Geschwindigkeiten klar positionierte, blieb Merkel auch in dieser Frage vage. Sie will keine antideutsche Reaktion provozieren, weder in den Staaten, die den Euro nicht eingeführt haben, noch in den Ländern der Eurozone, die Angst davor haben, dass Deutschland die Agenda bestimmen könnte. Schließlich versucht die Kanzlerin auch, den Eindruck zu vermeiden, dass sie Länder ausschließt, die nicht der Eurozone angehören, besonders Polen. So hat sich Merkel in der Krise große Mühe gegeben, Deutschlands östlichem Nachbarn zu versichern, dass Berlin ihn nicht zurücklassen wird.

Merkel mag in ihrem tiefsten Inneren die Idee von Kerneuropa richtig finden, aber sie weiß, wie gewaltig die Auswirkungen auf die weitere politische und wirtschaftliche Integration wären. Zu welcher Gruppe würden jene Länder zählen, die bereits EU-Mitglieder sind, aber noch ihre Landeswährung besitzen? Zu welchen Bedingungen könnten sie den Euro einführen? Wie könnte ein sich zweigleisig entwickelndes Europa in der Praxis funktionieren?

In der Öffentlichkeit ist Merkel bei diesen Themen auf der Hut. In einem ARD-Interview am 7. Juni 2012 wurde sie gefragt, ob sie bereit sei, ein Europa der unterschiedlichen Geschwindigkeiten zuzulassen. Sie antwortete: »Was wir seit geraumer Zeit tun […], ist, dass wir sagen, wir brauchen mehr Europa. […] Denn wer in einer Währungsunion zusammen ist, wird enger zusammenrücken müssen. Wir müssen offen sein, es immer allen ermöglichen, mitzumachen. Aber wir dürfen nicht deshalb stehen bleiben, weil der eine oder andere noch nicht mitgehen will.«[9] Hier spricht Merkel, wie wir sie kennen. Nur selten ist sie bereit, der Öffentlichkeit ihre Ansichten von der Zukunft Europas oder der deutschen Rolle in der EU offen darzulegen. Nur selten ist sie bereit, ihre Macht zu nutzen, um Europas Potenzial zu erklären. Und nur selten ist sie bereit, in der EU die Führungsrolle zu übernehmen, die von einem Land wie Deutschland erwartet wird. In der Europapolitik Angela Merkels gibt es jede Menge unerledigter Aufgaben.

USA – der ungeliebte große Freund

Von einer Gleichgültigkeit, die man sich nicht leisten kann

Einer der rätselhaftesten Aspekte deutscher Außenpolitik ist das Fehlen jeglichen strategischen Denkens in Bezug auf die Weltmacht Nummer eins, die Vereinigten Staaten von Amerika. Tatsache ist, dass Deutschland seit dem Amtsantritt von Angela Merkel in der Außenpolitik so gut wie überhaupt nicht strategisch denkt. Fragt man deutsche Politiker nach dem Grund dafür, lautet die Standardantwort, Deutschland wolle gute Beziehungen zu möglichst vielen Ländern pflegen. Aber welche Regierung wollte das nicht? Man erhält auch die Antwort, deutsche Außenpolitik basiere auf Kontinuität. Aber was soll das bedeuten, wenn man doch weiß, dass sich die transatlantischen Beziehungen ganz erheblich verändert haben – und zwar zum Schlechten? Was bedeutet es, wenn Europas größte Volkswirtschaft, das bevölkerungsreichste Land der Europäischen Union, keine langfristige Strategie für ihr Verhältnis zu Amerika hat? Ganz zu schweigen von einer

Vorstellung, wie die USA und Europa gemeinsam ihre Rolle in der Welt gestalten könnten.

Warum lässt Angela Merkel zu, dass sich dieses wichtige Verhältnis immer mehr abkühlt? Hat es damit zu tun, dass die Euro-Krise so viel ihrer Zeit beansprucht? Oder liegt es daran, dass beide Seiten das Interesse aneinander verloren haben? Dabei gibt es doch eine Vielzahl globaler Themen und Konflikte, die eine engere Kooperation zwischen Europa und den Vereinigten Staaten erfordern würden: die Umwälzungen in der arabischen Welt, der Friedensprozess im Nahen Osten, Irans Nuklearprogramm, die Entwicklung Russlands und die Spannungen in den GUS-Staaten, um nur einige Beispiele zu nennen.

Die Obama-Regierung hat den Beginn ihrer zweiten Amtszeit zur Überprüfung der eigenen strategischen Interessen und Ziele genutzt. In seiner Rede zur Lage der Nation im Februar 2013 kündigte Präsident Obama an, sich wieder stärker für den Klimaschutz zu engagieren. Zeitgleich mit EU-Kommissionspräsident Barroso erklärte er, die USA und die Europäische Union würden Verhandlungen über ein umfassendes transatlantisches Handels- und Investitionsabkommen aufnehmen. Auf beides hatten die Europäer lange gewartet. Jetzt wäre der Zeitpunkt, das amerikanische Entgegenkommen positiv zu beantworten. Jetzt wäre der Zeitpunkt für einen »Relaunch« der transatlantischen Beziehungen. Und auch hier kommt Deutschland wieder die Schlüsselrolle in der EU zu. Doch wie wird sich Merkel verhalten? Wird sie diese unerledigte Aufgabe trotz der bevorstehenden Bundestagswahl anpacken?

Das Ende des Kalten Krieges veränderte die transatlantischen Beziehungen. Von der Befreiung durch die Alliierten im Jahr 1945 bis zum Wendejahr 1989 hatte Westdeutschland in einer politischen Zwangsjacke gesteckt. Seine außenpolitischen Optionen waren begrenzt; sein Engagement beim Wiederaufbau der Demokratie stand unter ständiger Beobachtung. Es ist der außerordentlichen Weitsicht und enormen Hartnäckigkeit des amerikanischen Außenministers Dean Acheson zu verdanken, dass die Bundesrepublik und Frankreich Anfang der 1950er Jahre ernsthaft über den gemeinsamen Wiederaufbau Europas nachdachten. So war die Gründung der Europäischen Gemeinschaft für Kohle und Stahl nicht nur eine der großen Errungenschaften der Nachkriegszeit, sondern auch ein Erfolg der transatlantischen Zusammenarbeit.

Natürlich gab es in der Folgezeit Höhen und Tiefen im deutsch-amerikanischen Verhältnis. In ganz Westeuropa formierte sich angesichts des Vietnamkriegs Ende der 1960er Jahre studentischer Protest. Er richtete sich nicht nur gegen die amerikanische Außenpolitik, sondern auch gegen das, was die Studenten als Unterwürfigkeit ihrer Regierungen gegenüber den USA empfanden. In den 1980er Jahren folgten die großen Friedensdemonstrationen, die sich gegen die Entscheidung Washingtons richteten, Pershing-II-Raketen auf westdeutschem Boden zu stationieren. Die NATO reagierte damit auf die Stationierung sowjetischer SS-20-Interkontinentalraketen in Osteuropa.

Trotz aller inhaltlicher Differenzen sorgte der Kalte Krieg jedoch dafür, dass Deutschland die transatlantischen Beziehungen niemals grundsätzlich in Frage stellte. Die USA waren Westeuropas und vor allem Westdeutschlands Sicherheitsgarant.

Der Mauerfall im November 1989 ereignete sich in einem glücklichen Moment: So herzlich und vertrauensvoll wie zwischen dem damaligen Kanzler Helmut Kohl und dem US-Präsidenten George Bush waren die Beziehungen lange nicht gewesen. Kohl war erleichtert und dankbar, dass Bush klug genug war, die historische Bedeutung des Mauerfalls zu erkennen. Er war der einzige wichtige Staatschef der westlichen Welt, der sich ohne Zögern für die deutsche Wiedervereinigung und den friedlichen Abzug der ehemaligen sowjetischen Truppen aus Ostdeutschland einsetzte. Die Deutschen haben Washingtons Rolle bei der Wiedervereinigung nie vergessen.

Seither allerdings kühlt sich das Verhältnis ab. Der erste Krisenfall der neuen Zeit betraf den Balkan. Der gewaltsame Zusammenbruch Jugoslawiens war der erste große Test für die transatlantischen Beziehungen nach dem Ende des Kalten Krieges. Die Amerikaner hatten soeben den ersten Irakkrieg beendet und waren der Meinung, Europa müsse allein mit der Situation in Jugoslawien fertigwerden. Auch die Europäer glaubten anfangs, die Krise selbst und mit diplomatischen Mitteln lösen zu können. In einem Moment beispielloser Hybris behauptete der damalige luxemburgische Außenminister Jacques Poos, dies sei »die Stunde Europas«.

Doch die jahrzehntelang unterdrückten ethnischen Spannungen drängten mit ungehinderter Macht an die Oberfläche und ließen die historischen Zerwürfnisse in Westeuropa wieder aufleben. Europa konnte sich nicht auf einen Weg zur Beendigung des Krieges einigen: Deutschland preschte mit der Anerkennung Kroatiens und Sloweniens vor, Frankreich stellte sich auf die Seite Serbiens.

Die Atmosphäre in Brüssel war vergiftet. Erschwerend kam hinzu, dass mit Ausnahme Großbritanniens die meisten europäischen Staaten davon ausgingen, Jugoslawien könnte durch Diplomatie und »soft power«, wie beispielsweise Sanktionen, befriedet werden. Der Einsatz von »hard power«, also militärischer Macht, wurde nicht ernsthaft erwogen, obwohl sich die Kämpfe ausbreiteten. Erst als sich die USA schließlich doch dazu entschlossen, die militärische Führung zu übernehmen, waren auch die Europäer bereit, zu den Waffen zu greifen. Ohne Washingtons Einsatz hätte es 1995 den Friedensvertrag von Dayton nicht gegeben. Schließlich stellten die USA 1999 erneut ihre Führung unter Beweis, als sie mit Hilfe der NATO die Vertreibung und Ermordung der albanischen Minderheit im Kosovo durch serbische Einheiten beendeten.

Die Balkankriege bewirkten drei große Veränderungen in den transatlantischen Beziehungen, die alle Auswirkungen auf Deutschland hatten: Als Erstes wurde den USA klar, dass Europa überhaupt nicht in der Lage war, Krieg zu führen. Den europäischen Mitgliedern des Verteidigungsbündnisses fehlten die nötigen militärischen Fähigkeiten. Zudem war es sehr schwierig, einen Konsens unter den NATO-Mitgliedern herzustellen. Diese Erfahrung haben die Amerikaner nicht vergessen.

Als zweite Konsequenz aus dem Jugoslawienkrieg übernahmen Großbritannien und Frankreich die Initiative für den

Aufbau europäischer Sicherheits- und Verteidigungskapazitäten. Auf dem französisch-britischen Gipfel im bretonischen Saint-Malo im Jahr 1998 vereinbarten sie, die EU solle von 2003 an in die Lage versetzt werden, innerhalb von 60 Tagen bis zu 60 000 Soldaten in den Auslandseinsatz zu entsenden. Diese Pläne wurden jedoch nie Realität. Im Jahr 2003 entwickelten London und Paris daraufhin die Idee, die EU-Länder könnten kleinere Einheiten von je 1500 Soldaten (»battle groups«) für EU-Einsätze vorhalten. Diese Truppen sollten innerhalb von fünf bis zehn Tagen einsatzfähig sein. Aber auch dieses Vorhaben versandete. Europa ist ein zahnloser Tiger.

Im Jahr 2010 unterzeichneten Großbritannien und Frankreich daher ein weitreichendes bilaterales Verteidigungsabkommen.[10] Es beinhaltete die gemeinsame Nutzung von Flugzeugträgern und die gemeinsame Forschung an nuklearen Abschreckungssystemen. Dieses neue französisch-britische Abkommen war Ausdruck der Frustration beider Länder über den Mangel an Fortschritten in der europäischen Verteidigungspolitik.

Und was tat Deutschland? Es verharrte im Abseits. Großbritannien und Frankreich hatten kein Interesse daran, Deutschland einzubinden, da Berlin sich jeder strategischen Debatte über Europas Sicherheitsbedürfnisse verweigerte. Und doch war die dritte Konsequenz aus dem Jugoslawienkrieg, dass sich Deutschland zum ersten Mal überhaupt mit seinen Werten, Interessen und Verantwortlichkeiten in der Welt auseinandersetzte. Der Luftkrieg der NATO gegen Jugoslawien erfolgte ohne UN-Mandat und wurde mit der Notlage der Kosovo-Albaner gerechtfertigt. In Deutschland, wo die Beteiligung an einer militärischen Auseinandersetzung zu diesem Zeitpunkt ohnehin noch höchst umstritten war, fiel das Fehlen eines UN-Mandats in der Debatte besonders ins Gewicht. Für viele stellte sich die Frage, ob ausgerechnet Deutschland wieder auf dem Balkan Krieg führen durfte, dem Schauplatz zahlreicher Naziuntaten. Auf der anderen Seite sahen die Deutschen täglich die Fernsehbilder von den Gräueltaten der serbischen Armee. Der historische Zufall wollte es, dass diese völkerrechtlich, historisch und moralisch schwierigen Fragen ausgerechnet von einer Bundesregierung entschieden werden mussten, der zum ersten Mal die Grünen angehörten, eine Partei, zu deren Gründungsmaximen der Pazifismus gehört hatte.

Dies war die Stunde des Joschka Fischer. Der gerade erst im Amt eingeführte Außenminister hatte keine Zweifel, dass die Beteiligung Deutschlands an den NATO-Angriffen moralisch geboten war. Vom Straßenkämpfer zu Deutschlands Spitzendiplomat gereift, erkannte Fischer, was das Ende des Kalten Krieges bedeutete: »Ich sage euch, mit dem Ende des Kalten Krieges ist eine ethnische Kriegsführung, ist eine völkische Politik zurückgekehrt, die Europa nicht akzeptieren darf«,[11] sagte Fischer auf einem denkwürdigen Sonderparteitag der Grünen in Bielefeld am 13. Mai 1999 – 51 Tage nachdem die NATO mit ihren Luftangriffen gegen serbische Einrichtungen begonnen hatte.

Es war eine außergewöhnliche Rede und eine außergewöhnliche Gelegenheit, zu erklären, warum sich die Grünen und warum sich Deutschland ändern mussten. Die Stimmung auf dem Parteitag war emotional aufgeladen; die Delegierten waren tief gespalten. Sogar Polizeischutz war notwendig. Der pazifistische Flügel der Grünen wollte Fischer nicht zuhören. Er wurde ausgebuht und mit Farbbeuteln beworfen, als er versuchte zu erklären, wie er die Ausbreitung des Krieges in den Kosovo zu verhindern versucht hatte.

»Mit Sprechchören, mit Farbbeuteln wird diese Frage nicht gelöst werden, nicht unter uns und auch nicht außerhalb«, rief Fischer. Er griff jene an, die ihm vorwarfen, er ignoriere Deutschlands Vergangenheit, weil er das NATO-Bombardement unterstützte. »In Solingen, als es damals zu diesem furchtbaren mörderischen Anschlag […] auf eine türkische Familie kam, die rassistischen Übergriffe, der Neonazismus, die Skinheads. Natürlich steckt da auch bei mir immer die Erinnerung an unsere Geschichte und spielt da eine Rolle. Und ich frage mich, wenn wir innenpolitisch dieses Argument immer gemeinsam verwandt haben, warum verwenden wir es dann nicht, wenn Vertreibung, ethnische Kriegsführung in Europa wieder Einzug halten und eine blutige Ernte mittlerweile zu verzeichnen ist. Ist das moralische Hochrüstung, ist das Overkill? Auschwitz ist unvergleichbar. Aber ich stehe auf zwei Grundsätzen: Nie wieder Krieg, nie wieder Auschwitz; nie wieder Völkermord, nie wieder Faschismus. Beides gehört bei mir zusammen, liebe Freundinnen und Freunde, und deswegen bin ich in die Grüne Partei gegangen.«

Fischer erreichte sein Ziel. Er gewann die moralische und politische Auseinandersetzung in seiner Partei. Für die Neuausrichtung Deutschlands in der Welt war dies einer der wichtigsten Momente der vergangenen 20 Jahre. Ein Ex-Student, Ex-Taxifahrer und Ex-Pazifist erklärte Deutschland, warum es seine neue Verantwortung nicht länger ignorieren konnte.

Den nächsten wichtigen Schritt vollzog Deutschland in seiner Außen- und Verteidigungspolitik nach den terroristischen Anschlägen gegen die Vereinigten Staaten am 11. September 2001. Unter dem Schock des Ereignisses versicherte Schröder den Amerikanern seine »uneingeschränkte Solidarität« – ein Versprechen, das er später im Streit um den Irakkrieg vermutlich tief bereut hat. Zu der Brisanz dieser Auseinandersetzung komme ich aber noch.

Zunächst aber war Treue gegenüber Amerika angesagt. Ohne zu zögern, unterstützte die Regierung Schröder die Ausrufung des Bündnisfalls in der NATO (der bis heute weiter gilt und für die Amerikaner viel zu nützlich ist, um ohne Not aufgehoben zu werden). Schröder entschied auch, Deutschland werde sich an der Entsendung von Soldaten nach Afghanistan beteiligen. Was für ein Kurswechsel für die deutsche Außen- und Sicherheitspolitik! Wer hätte gedacht, dass die rot-grüne Regierung erneut eine so mutige, bis dahin tatsächlich unvorstellbare Entscheidung treffen würde? Sie bewies darüber hinaus die Stärke, der Öffentlichkeit ihre Gründe in aller Deutlichkeit zu erklären.

Schröders Schulterschluss mit Bush währte jedoch nicht lange. Die ideologischen Unterschiede zwischen dem neokonservativen US-Präsidenten und dem pragmatischen deutschen Sozialdemokraten waren einfach zu groß. Als

George W. Bush sich anschickte, Krieg gegen Irak zu führen, kam es zum Knall.

Schröders Ablehnung des Irakkrieges war mindestens zum Teil innenpolitisch motiviert. Die Bundestagswahl 2002 stand bevor, und er lag in den Umfragen gleichauf mit seinem Herausforderer Edmund Stoiber. Schröders Anti-Kriegs-Kurs kam in Deutschland gut an, aber er spaltete Europa und die NATO. Auf der einen Seite standen die Länder, die einen Einmarsch im Irak ablehnten, auf der anderen Seite die überzeugten Atlantiker, die die amerikanische »Koalition der Willigen« im Irak unterstützten.

Ihren Höhepunkt fand die Auseinandersetzung auf der 39. Münchner Sicherheitskonferenz am 9. Februar 2003. Zunächst rechtfertigte Verteidigungsminister Donald Rumsfeld die amerikanischen Pläne für einen Angriff auf den Irak. »Niemand will Krieg. Krieg ist niemals die erste oder eine leichte Option«, stellte Rumsfeld fest. »Aber die Risiken eines Krieges müssen gegen die Risiken des Nichtstuns abgewogen werden.« Fischer zögerte nicht, die NATO-Staaten zu verteidigen, die die Invasion ablehnten, wusste aber auch, dass die Anti-Terror-Allianz unbedingt zusammengehalten werden musste. Ihm war klar, dass eine erneute und äußerst kontroverse militärische Operation gegen den Irak auch die Afghanistan-Mission gefährden konnte.

»Warum jetzt und warum diese neue Prioritätensetzung?«, fragte Fischer Rumsfeld. Unter Bezug auf die amerikanische Behauptung, Irak habe Massenvernichtungswaffen entwickelt, fügte er dann jenen kurzen Satz auf Englisch an, mit dem er weltweit berühmt wurde: »Sorry, but I am not convinced!«[12] Diese Worte erschütterten den Festsaal des Bayerischen Hofs.

Die Geschichte nahm ihren Lauf; die US-Truppen besetzten den Irak. Die Beziehungen zwischen dem Weißen Haus und dem Bundeskanzleramt kühlten sich bis weit unter den Gefrierpunkt ab. Am 23. Februar 2005 empfing Schröder Bush für einen kurzen Staatsbesuch in Mainz, der als Versöhnungstreffen nach dem Irakkrieg inszeniert wurde. Doch es war längst klar, dass sich die beiden Staatsmänner nichts mehr zu sagen hatten.

Schröder hinterließ Merkels Regierung ein zwiespältiges Vermächtnis: Einerseits war Berlins Verhältnis zu Washington so zerrüttet, dass es für beide Seiten nicht leicht war, zu einer Normalität zurückzufinden. Andererseits war das Weiße Haus froh, nicht mehr mit Schröder umgehen zu müssen, sodass Merkel mit offenen Armen empfangen wurde.

Dennoch gab es auch nach Merkels Amtsantritt im November 2005 erhebliche Differenzen zwischen beiden Regierungen:

■ Deutschland und Amerika hatten sehr unterschiedliche Vorstellungen von der Bekämpfung des Klimawandels; ein Thema, das Merkel an die Spitze ihrer innenpolitischen und internationalen Agenda gesetzt und zum Hauptthema des G8-Gipfels im Juni 2007 unter deutschem Vorsitz gemacht hatte.

■ Deutschland und Amerika hatten unterschiedliche Ansichten, was den Einsatz von Folter gegen Terrorverdächtige betraf. Am Vorabend ihres Antrittsbesuchs in den Vereinigten Staaten im Januar 2006 kritisierte Merkel offen das Fortbestehen des Gefangenenlagers Guantanamo Bay. Die Bush-Regierung ignorierte diese Kritik.

- Deutschland und Amerika hatten unterschiedliche Ansichten in Bezug auf den deutschen Beitrag zum Afghanistan-Einsatz. Den USA missfiel, dass sich die Bundeswehrsoldaten auf den Norden Afghanistans beschränkten, wo es in den Anfangsjahren des Krieges relativ ruhig war.

- Schließlich hatten Deutschland und Amerika unterschiedliche Ansichten über den weiteren Umgang mit Georgien und der Ukraine, besonders in der Frage eines möglichen NATO-Beitritts. Die Bush-Regierung wollte beiden Ländern den Aktionsplan zur Mitgliedschaft in der NATO (Membership Action Plan) anbieten, der die Aufnahme in das Verteidigungsbündnis ebnen sollte. Berlin lehnte dies ab.

Im Vorfeld des NATO-Gipfels in Bukarest im April 2008 setzte Washington seine europäischen Verbündeten wegen des Membership Action Plan für Georgien und die Ukraine unter großen Druck. NATO-Generalsekretär Jaap de Hoop Scheffer und Bushs Nationaler Sicherheitsberater Stephen Hadley versuchten in zahlreichen Telefonaten, das Kanzleramt von seinem Nein abzubringen. Doch Merkel blieb hart, Paris ebenfalls: Auf dem Bukarester Gipfel wurde der Ukraine und Georgien der Membership Action Plan verwehrt.

Die deutsche Regierung argumentierte, zu diesem Zeitpunkt sei keines der beiden Länder für eine Aufnahme geeignet. »Es gibt in der Bevölkerung keine klare Unterstützung für die NATO-Mitgliedschaft«, sagte Merkel über die Ukraine. Das betreffe auch »Länder, die in regionale oder innerstaatliche Konflikte verwickelt sind«, fügte sie mit Blick auf Georgien hinzu.[13] Neben der Sorge, Länder in die Allianz aufzunehmen, deren ungelöste innerstaatliche Konflikte die Entscheidungskraft der NATO lähmen könnten, hatte man Sorge vor einer Verschlechterung der Beziehungen zu Russland, falls sich die Allianz bis an dessen Grenze ausdehnte. Auch wenn sie das nicht öffentlich sagten, befürchteten Berlin und Paris aber vor allem, sie könnten in die Verlegenheit kommen, einem NATO-Partner Ukraine oder Georgien militärisch beistehen zu müssen, sollte eines dieser Länder von Russland angegriffen werden. Nach zähem Ringen einigte man sich deswegen auf dem Gipfel lediglich darauf, der Ukraine und Georgien die Mitgliedschaft in der NATO grundsätzlich in Aussicht zu stellen, nannte dafür aber keinen Zeitrahmen.

Ein weiterer Streitpunkt auf dem Bukarester Gipfel waren Bushs Pläne für ein Raketenabwehrsystem. Grundsätzlich unterstützte Berlin die Stationierung von zehn Abfangraketen in Polen und den Aufbau einer Radarstation in der Tschechischen Republik, die Europa vor allem vor iranischen Raketen schützen sollten.

Der Nachteil an dem US-Konzept aber war, dass nicht ganz Europa durch diese zehn amerikanischen Raketen geschützt werden konnte. Aus diesem Grund wollte die NATO ein zweites Raketenabwehrsystem entwickeln, das von den europäischen Mitgliedern der Allianz mitfinanziert werden sollte. Dieses sollte die Türkei vor nuklearen Angriffen aus dem Iran schützen. Die Kosten dafür wurden auf bis zu eine Milliarde Dollar geschätzt – zu viel für Berlin. Merkel sorgte dafür, dass die Entscheidung in die Zeit nach den amerikanischen Präsidentschaftswahlen Ende 2008 verschoben wurde.

Der Bukarester Gipfel zeigte deutlich, dass sich erneut eine Kluft in der NATO aufgetan hatte, die an die Lagerbildung während des Irakkrieges erinnerte: Auf der Seite der Befürworter eines Membership Action Plan für Georgien und die Ukraine standen die USA und die meisten osteuropäischen Staaten, die die NATO als Bollwerk gegen eine mögliche russische Aggression betrachteten. Auf der anderen Seite befanden sich die westeuropäischen Staaten unter Führung von Deutschland und Frankreich, die sich um die Befindlichkeiten Russlands sorgten. Das Letzte, was Merkel wollte, war ein Szenario, in dem sich Georgien als mögliches NATO-Mitglied auf den Artikel V der Charta beruft. Im Bündnisfall wäre auch Deutschland verpflichtet, Georgien z.B. gegen einen russischen Angriff zu verteidigen. Doch ein Krieg gegen Russland ist für die deutsche Regierung absolut unvorstellbar. Weder gelang es Washington, Berlin zum Einlenken zu überreden, noch präsentierte Berlin eine klare Analyse, wie sich die deutsche Regierung stattdessen die strategische Ausrichtung der NATO vorstellte. Die amerikanische Kritik im Anschluss an den Bukarester NATO-Gipfel ignorierte Merkel. Die Bush-Regierung würde in Kürze ohnehin der Vergangenheit angehören. Die Kanzlerin hatte andere Sorgen; die Finanzkrise begann, globale Auswirkungen zu zeigen. Merkel richtete den Blick auf ihre eigene Wiederwahl im Jahr 2009 und konzentrierte sich auf die Innenpolitik.

Der scheidende Präsident Bush war enttäuscht über Merkels Haltung. Er hatte sie sehr geschätzt. Doch die Kanzlerin enttäuschte auch seinen Nachfolger. Es gehört zum Phänomen Merkel, dass sie sich dem robusten Charme Bushs gegenüber genauso resistent zeigte wie der Eloquenz Obamas. Vom mächtigsten Mann der Welt umworben zu werden, beeindruckt sie offensichtlich überhaupt nicht.

Schon bevor Barack Obama im Jahr 2008 zum Präsidenten gewählt wurde, verhielt sich Merkel ihm gegenüber zurückhaltend – was in scharfem Kontrast zur deutschen Bevölkerung stand, die Obama begeistert empfing, als dieser im Sommer 2008 eine Wahlkampfrede an der Siegessäule in Berlin hielt. Die ursprüngliche Idee von Obamas Team, für diesen Auftritt die Kulisse des Brandenburger Tors zu nutzen, wurde vom Berliner Senat abgelehnt. Vielleicht hätte Berlin nachgegeben, wenn Merkel Druck gemacht hätte. Das tat sie aber nicht, denn wie sie erklärte, wollte sie sich nicht in den amerikanischen Wahlkampf einmischen. Dass sie sich Jahre später im französischen Wahlkampf ausdrücklich auf die Seite von Nicolas Sarkozy stellte, steht auf einem anderen Blatt.

Auch nachdem Obama im November 2008 gewählt worden war, schien Merkel keine Eile zu haben, eine persönliche Beziehung zu ihm zu knüpfen. Mit George W. Bush hatte sie wenigstens gescherzt, obwohl sie mit Bushs neokonservativer Weltanschauung wenig anfangen konnte. Aber mit Obama war das anders. Obama war jung, er war Demokrat und der erste schwarze Präsident der Vereinigten Staaten. Egal, mit wem ich nach seiner Wahl sprach, stets wurde mir erklärt, dass Merkel erst einmal die Bedeutung von Obamas Sieg für die deutsch-amerikanischen Beziehungen analysieren wollte.

Merkel verhielt sich zeitweise sogar regelrecht gleichgültig gegenüber Obama. Als der Präsident sie im März 2009 ins Weiße Haus einlud, lehnte die Kanzlerin ab – welch ein Affront. Deutsche Regierungsvertreter versuchten, die Bedeutung dieses Zwischenfalls herunterzuspielen, und argumentierten, Merkel würde Obama ohnehin am 2. April auf dem G20-Gipfel in London treffen.

Trotzdem gab sich Obama große Mühe, die Differenzen zu glätten. Neben der Außen- und der Klimapolitik gab es die größten Meinungsverschiedenheiten in der Wirtschaftspolitik. Obama plante ein Wachstumspaket für die amerikanische Wirtschaft, um aus der Finanz- und Wirtschaftskrise herauszukommen. Merkel stand dieser Art von keynesianischer Wachstumspolitik skeptisch gegenüber.

Bis zum 26. Juni 2009 waren Merkel und Obama vier Mal zusammengekommen: in London während des G20-Treffens (2. April), in Baden-Baden während des NATO-Gipfels (3. bis 4. April), in Dresden (5. Juni) und in Washington (26. Juni). Dies war Merkels erster Besuch in der amerikanischen Hauptstadt seit Obamas Amtseinführung im Januar, und Obama sparte nicht an Komplimenten. »Ich mag Kanzlerin Merkel gerne«, sagte der Präsident bei einer gemeinsamen Pressekonferenz. Diskutiert wurden vor allem die Themen Iran und Klimawandel, obwohl Merkel über wirtschaftliche Fragen hatte sprechen wollen. »Ich habe nun viele Regierungschefs getroffen, und ich finde, dass Kanzlerin Merkel klug und praktisch veranlagt ist, und ich vertraue dem, was sie sagt. Und dieser Ansatz ist genau der, den man von einem internationalen Partner erwartet.«

Aber welche Art von Partner war Deutschland für Amerika? Obama und Merkel waren in vielen Fragen unterschiedlicher Meinung. Ein Thema, das die Betrachtung lohnt, ist der Umgang mit dem umstrittenen Gefangenenlager Guantanamo. Obama hatte im Wahlkampf versprochen, er werde das Lager schließen – ganz so, wie es Merkel schon Jahre zuvor bei ihrem Antrittsbesuch bei Bush gefordert hatte. Doch Obama erhoffte sich von den Europäern, dass sie einige Lagerinsassen aufnehmen würden, die von den US-Sicherheitsbehörden als ungefährlich eingeschätzt worden waren. Deutschland ließ sich viele Monate lang Zeit, um die Anfrage aus Washington zu beantworten. Am Ende lehnte die Bundesregierung die Aufnahme von neun Uiguren aus Guantanamo ab, um die Beziehungen zu China nicht zu belasten. In der Großen Koalition hatte die Frage zu heftigem Streit geführt. Außenminister Frank-Walter Steinmeier wollte die Uiguren aufnehmen, um Obamas Pläne zur Schließung des Lagers zu unterstützen. Doch es war der Innenminister, damals Wolfgang Schäuble, der sich mit seinem Nein durchsetzte. Vier der inhaftierten Uiguren hatten zuvor an die Bundesregierung appelliert, der Bitte Washingtons nachzukommen, da Deutschland in Europa das Land mit der größten uigurischen Minderheit sei und sie daher hier am ehesten Fuß fassen könnten. Schließlich nahm der winzige Inselstaat Palau im Pazifischen Ozean die ehemaligen Insassen auf.

Doch damit war Deutschland nicht aus der Verantwortung entlassen. Der amerikanische Sondergesandte für die Schließung Guantanamos, Dan Fried, bedrängte die Deutschen weiterhin, ehemalige Gefangene aufzunehmen. Er bot ihnen drei Personen zur Aufnahme an, von denen das Innenministerium nach langwierigen Untersuchungen zwei akzeptierte. Den dritten Gefangenen habe er verweigert, so Thomas de Maizière, der inzwischen den Posten des Innenministers von Schäuble übernommen hatte, weil nicht »mit an Sicherheit grenzender Wahrscheinlichkeit« davon ausgegangen werden könne, dass von diesem keine Gefahr ausgehe.

De Maizière stellte zugleich klar, dass Deutschland keine weiteren Guantanamo-Insassen aufnehmen würde. Sollte es entsprechende Bitten geben, würden diese abschlägig beschieden. Obwohl die US-Regierung nur solche Gefangenen zur Freilassung vorgeschlagen hatte, von deren Ungefährlichkeit sie überzeugt war, rechtfertigte de Maizière die deutsche Zurückhaltung damit, dass Deutschland keine Terroristen ins Land holen wolle. Die Aufnahme der beiden völlig unbedenklichen Gefangenen sei vor allem aus humanitären Aspekten erfolgt. Schließlich, so de Maizière, entscheide er nicht nur als Innenminister, sondern »auch als Mensch und Christ«.

Diese Guantanamo-Episode spielt in der Öffentlichkeit schon lange keine Rolle mehr. Sie ist aber wichtig, weil sie eine Seite der Kanzlerin beleuchtet, die Merkel selbst lieber im Dunkeln lässt. Schließlich hatte Merkel in den Jahren vor Obamas Wahlsieg nur allzu gern die Gelegenheit genutzt, sich durch Kritik an dem Lager beim US-kritischen deutschen Publikum zu profilieren. Als Obama aber dann den ernsthaften Versuch unternahm, auf die Kritik einzugehen und Guantanamo zu schließen, ließ sie ihn im Stich.

Allen Rückschlägen zum Trotz bemühte sich Obama unverdrossen weiter um eine gute Zusammenarbeit mit Kanzlerin Merkel. Am 3. November 2009, fünf Wochen nach Merkels Wiederwahl, durfte sie eine Rede vor beiden Kammern des US-Kongresses halten. Welch eine Ehre! Nur ein einziges Mal war bis dahin ein deutscher Kanzler zu einer solchen Ansprache geladen worden. 1957 sprach Konrad Adenauer vor dem Kongress, allerdings hielt er getrennte Reden in Senat und Repräsentantenhaus.

Als Merkel nun in den großen Sitzungssaal des Kongresses geführt wurde, erlebte sie einen äußerst herzlichen Empfang. Den US-Abgeordneten gefiel Merkels Lebensgeschichte, wie sie sie auch dort schilderte: Ihre von der Sehnsucht nach Freiheit geprägte Kindheit im Kommunismus bestätigte die Amerikaner im Gefühl, die richtige Seite zu verkörpern. Nach Merkels Rede brandete riesiger Applaus auf und hielt mehrere Minuten an.[14] Auf ihrem Gesicht zeichnete sich ein breites Lächeln ab. Schließlich ging sie zum Podium und begrüßte dort die Sprecherin des Repräsentantenhauses und führende Vertreterin der Demokraten, Nancy Pelosi.

Man wüsste gerne, ob Merkel in diesem Moment an ihren Besuch in Washington im Januar 2007 dachte. Damals, es war ihr drittes Mal in Washington, war Pelosi gerade zur Sprecherin des Repräsentantenhauses gewählt worden. Dies ist eines der drei höchsten politischen Ämter in den USA. Doch Merkel nahm sich damals keine Zeit für ein Treffen mit Pelosi.

Auch im Verlauf des Jahres 2010 hielten die Spannungen zwischen Berlin und Washington an. Uneins war man sich jetzt vor allem in der Frage der Stabilisierung des Euro. Merkel und Obama trafen sich einige Male, entweder bilateral, im Rahmen von G8- und G20-Treffen oder auf dem Atomgipfel, den Obama im April in Washington ausrichtete. Beide hatten gelernt, miteinander auszukommen, aber ihre Beziehung galt weder als besonders eng noch als sonderlich herzlich.

Es ist erstaunlich, wie sehr sich Obama trotzdem immer wieder um Merkel bemühte – fast genauso erstaunlich wie die Tatsache, dass sie diesem Werben hartnäckig widerstand. Im Rahmen einer aufwendigen Zeremonie und eines Abendessens im Rosengarten des Weißen Hauses verlieh Obama am 7. Juni 2011 Merkel die Freiheitsmedaille, eine der höchsten Auszeichnungen der USA. Er lobte die deutsche Kanzlerin in den höchsten Tönen als »außergewöhnliche Führungspersönlichkeit«, deren Glauben an die Freiheit Millionen Menschen auf der Welt inspiriert habe.[15] In ihrer Dankesrede sprach Merkel erneut von ihrer Vergangenheit, ihrer Kindheit in der kommunistischen DDR und ihrem Glauben an die Freiheit. Die geladenen Gäste waren begeistert. Doch an den grundlegenden Differenzen der beiden Regierungschefs änderte das wenig. Sie wurden Anfang 2011 erneut sichtbar, als sich die libysche Bevölkerung gegen Gaddafi erhob.

Nach der Verhaftung des Menschenrechtsaktivisten Fethi Tarbel begann am 15. Februar ein Aufstand in der libyschen Stadt Bengasi, der sich schnell auf andere Städte ausdehnte. Als Libyens Machthaber Muammar al Gaddafi versuchte, die Proteste niederzuschlagen, reagierten die Vereinten Nationen umgehend. Am 26. Februar verhängte der UN-Sicherheitsrat Sanktionen gegen Gaddafi und seine Familie. Zwei Tage später stimmte auch die EU Sanktionen gegen den Diktator und seine engsten Berater zu. Als sich die Kämpfe dennoch ausbreiteten, forderten London und Paris ein militärisches Eingreifen. Die US-Regierung war gespalten. Außenministerin Hillary Clinton sprach sich mit Nachdruck für eine Beteiligung an einer Militäraktion aus. Im Pentagon bewertete man die Lage dagegen sehr zurückhaltend, wurde aber letztlich überstimmt.

Wie es der Zufall wollte, gehörte Deutschland seit Januar 2011 wieder einmal dem UN-Sicherheitsrat an und musste dort über das Vorgehen gegen Libyen mitentscheiden. Im Jahr zuvor hatte die Bundesregierung eine beeindruckende Lobbykampagne geführt, um von der UN-Vollversammlung für zwei Jahre als nicht ständiges Mitglied in dieses wichtigste internationale Gremium gewählt zu werden. Zuletzt war Deutschland in den Jahren 2003/2004 dort vertreten gewesen – zu einem Zeitpunkt also, als der Sicherheitsrat auch dank der Stimme Berlins den USA das Mandat für ihren Irakkrieg verweigerte. Acht Jahre später stellten die Geschehnisse in Libyen Deutschland erneut vor die Frage, wie es die angestrebte internationale Verantwortung wahrnehmen würde. Doch die Libyen-Abstimmung wurde für Deutschland schlicht zur Katastrophe.

Die europäischen Länder waren in der Frage der Einrichtung einer Flugverbotszone über Libyen und einer Militäraktion zum Schutz der Bevölkerung tief gespalten. Während Großbritannien und Frankreich zum militärischen Engagement bereit waren, hatte Deutschland große Bedenken. Die Telefone im Kanzleramt standen am 17. März, dem Tag der Abstimmung im Sicherheitsrat, nicht still. Westerwelle, so wurde berichtet, habe zunächst gegen die Resolution stimmen wollen, doch Merkel habe ihm stattdessen eine Enthaltung abgerungen.[16]

»Was würden Sie machen, wenn Sie Deutschland wären«, wurde ich von einem hochrangigen Regierungsmitarbeiter gefragt, der Merkels Vertrauen genießt. »Haben Sie über die Konsequenzen einer Ablehnung nachgedacht?«, fragte ich zurück. »Es wird keine Konsequenzen geben. Wir werden uns enthalten«, lautete die Antwort. Genau das tat Deutschland und stellte sich damit auf die Seite Russlands und Chinas.[17]

Deutschland war das einzige NATO- und EU-Land mit Stimmrecht im UN-Sicherheitsrat, das das Flugverbot ausdrücklich ablehnte. Wie sehr sich die Bundesregierung damit isolierte, ist in der NATO bis heute zu spüren: Seit der Libyen-Abstimmung gilt Deutschland nur noch begrenzt als zuverlässig. Berlin erlebte, dass es eine Illusion ist zu glauben, Entscheidungen auf höchster internationaler Ebene könnten folgenlos bleiben.

Westerwelle rechtfertigte Deutschlands Enthaltung damit, dass eine militärische Intervention keine Lösung sei. »Ich möchte nicht, dass Deutschland Teil eines dauerhaften Bürgerkrieges in Libyen wird«, ließ er in einer Presseerklärung des Auswärtigen Amtes verkünden.[18] Er fügte hinzu, es sei unklar, welche Länder die Flugverbotszone durchsetzen würden, wie diese funktionieren könnte und welche Länder bereit wären, Truppen zu stellen. »Deutsche Soldaten werden sich an einem militärischen Einsatz in Libyen nicht beteiligen.« Auch Merkel befürchtete, dass Deutschland, wenn es den Libyen-Einsatz im Sicherheitsrat befürwortete, sich auch militärisch beteiligen müsste. Die Beteiligung an den Awacs-Aufklärungsflügen sei, so ihre Argumentation, nur der erste Schritt gewesen. Nach einem Ja im Sicherheitsrat wäre Deutschland auch um die Entsendung von Tornados oder gar von Kampftruppen gebeten worden. Dazu sei sie aber auf keinen Fall bereit gewesen.

Die Entscheidung der Regierung wurde sowohl in den eigenen Reihen als auch – mit Ausnahme der Linken – von der Opposition stark kritisiert. Der Vorsitzende des Auswärtigen Ausschusses, Ruprecht Polenz, sagte, er sehe eine »operative Lücke« in der deutschen Argumentation. Man wolle den Sturz Gaddafis, wisse aber, dass dieser durch Sanktionen allein nicht zu bewerkstelligen sei. Die Unabhängigkeitsbewegungen in Nordafrika habe man intensiv unterstützt, doch im Falle Libyens erkläre man plötzlich, mehr als Sanktionen seien nicht machbar. Ein solches Verhalten zerstöre die langfristige Glaubwürdigkeit Deutschlands, erklärte der CDU-Politiker.

Gernot Erler, außenpolitischer Experte und stellvertretender SPD-Fraktionsvorsitzender, kritisierte, Deutschland habe sich durch diese Entscheidung isoliert. Nach seiner Einschätzung hätte die Zustimmung zu einer Flugverbotszone nicht automatisch die Entsendung von Bodentruppen bedeutet. Schließlich habe die Regierung selbst auf eine schriftliche Anfrage Erlers hin 16 Fälle aufgelistet, in denen Deutschland seine Zustimmung zu einem Einsatz gegeben, aber keine Soldaten geschickt hatte.

Zu aller Kritik am deutschen Verhalten kam auch noch Anerkennung von der falschen Seite: Gaddafi lobte Deutschland. Er sagte dem Privatsender RTL, dass »Deutschland das einzige Land sei, das die Chance habe, auch zukünftig Aufträge der libyschen Ölindustrie zu bekommen«. Die Deutschen »haben eine vernünftige Position gegenüber uns eingenommen, ganz anders als viele andere wichtige Staaten in der Welt«, sagte Gaddafi. Außer an Deutschland »werden unsere Öl-Aufträge in Zukunft an russische, chinesische oder indische Firmen vergeben, der Westen kann uns vergessen.«[19]

So endete die deutsche Enthaltung im diplomatischen Desaster. Merkel versuchte zu retten, was noch zu retten war. Sie erklärte, die Enthaltung sei nicht mit deutscher Neutralität zu verwechseln. Da die Resolution nun angenommen sei, sei sie »auch unsere Resolution«. Der deutsche NATO-Botschafter wurde angewiesen, beim Votum im Bündnis für den Militäreinsatz zu stimmen. Gleichzeitig versuchten Teile der Union, die umstrittene Enthaltung ganz dem FDP-Außenminister anzulasten. Der außenpolitische Sprecher der Unionsfraktion, Philipp Mißfelder, argumentierte, die Entscheidung sei vom Außenminister getroffen worden, der seinen Botschafter in New York angewiesen und das Votum daher zu vertreten habe. Die Liberalen wiederum wehrten sich gegen die Legende, die Entscheidung sei ein Alleingang Westerwelles gewesen. Diesen schwarzen Peter wollten sie sich nicht zuschieben lassen. Ihr Generalsekretär Christian Lindner betonte, die Entscheidung sei »in der Spitze der Bundesregierung« getroffen worden und werde auch gemeinsam verantwortet.

Viele vermuteten, dass das deutsche Votum maßgeblich von der Tatsache beeinflusst worden war, dass nur acht Tage später in Baden-Württemberg und Rheinland-Pfalz Landtagswahlen stattfanden. Merkel wandelte auf Schröders Pfaden, als sie entschied, die Bundesregierung müsse jeden Verdacht eines neuen Kriegsabenteuers vermeiden.

Umfragen hatten ein ambivalentes, aber für die Deutschen typisches Bild ergeben: Nach einer Emnid-Umfrage vom 18. März 2011 unterstützten 62 Prozent der Deutschen einen Militäreinsatz gegen Libyen, 31 Prozent lehnten ihn ab. Gefragt, ob sich Deutschland an einem solchen Militäreinsatz beteiligen solle, sprachen sich jedoch 65 Prozent der Bundesbürger dagegen aus, 29 Prozent dafür. Eine Umfrage des ZDF-Politbarometers zehn Tage später ergab mit 69 versus 27 Prozent ein noch deutlicheres Bild der Ablehnung einer deutschen Beteiligung.

Die Entscheidung fügte Deutschland noch auf eine weitere Weise Schaden zu, den das Kanzleramt nicht bedacht hatte. Sie zeigte, dass Berlin nicht in der Lage war, seine Haltung gegenüber der NATO, der EU und den Vereinigten Staaten strategisch zu begründen. Die Sprachlosigkeit der Bundesregierung nach der Libyen-Entscheidung war für ihr internationales Standing genauso schlimm wie die Entscheidung selbst. Und natürlich war auch die Obama-Regierung von der deutschen Haltung enttäuscht.

Kurz vor seinem Rücktritt als Verteidigungsminister kritisierte Robert Gates im Juni 2011 in einer Grundsatzrede in Brüssel den von der NATO geführten Einsatz in Libyen.[20] »Das mächtigste Bündnis aller Zeiten ist gerade mal seit elf Wochen gegen ein schlecht bewaffnetes Regime in einer dünn besiedelten Region im Einsatz – und schon beginnt vielen Verbündeten die Munition auszugehen, und wieder einmal müssen die USA einspringen, um das auszugleichen«, sagte Gates. In der Entscheidungsfindung bei der NATO hätten alle Staaten – auch Deutschland – der Mission zugestimmt, aber weniger als die Hälfte der Mitglieder beteiligte sich. »Offen gesagt, manche, die vom Rand her zuschauen, tun das nicht, weil sie nicht teilnehmen wollen, sondern weil sie einfach nicht können«, konstatierte Gates. »Die militärischen Fähigkeiten sind einfach nicht vorhanden.«

Gates beließ es nicht bei einer Kritik am Libyen-Einsatz. In seiner bemerkenswerten und ungewöhnlich deutlichen Abschiedsrede warnte er vor einer »trüben, wenn nicht sogar düsteren Zukunft« der NATO, wenn die europäischen Mitgliedsstaaten nicht bereit seien, sich stärker an den Aktivitäten der Allianz zu beteiligen. »Die traurige Wirklichkeit ist, dass die Bereitschaft im US-Kongress – wie in der gesamten amerikanischen Administration – weiter sinken wird, zunehmend knappe Mittel für Staaten auszugeben, die offenkundig nicht willens sind, die nötigen Ressourcen selbst bereitzustellen oder die notwendigen Veränderungen einzuleiten, um ernsthafte und echte Verteidigungspartner zu werden«, sagte Gates. Und er fügte hinzu, dass einige NATO-Partner »offensichtlich willens und bereit sind, dem amerikanischen Steuerzahler die wachsende Sicherheitslast aufzubürden, die durch Kürzungen in den europäischen Verteidigungshaushalten entsteht«.

Es erstaunt, dass diese Rede in Deutschland niemanden alarmierte. Man machte sich offensichtlich keine ernsthaften Gedanken, ob die Geduld der Amerikaner bald am Ende sein könnte. Auf der Münchner Sicherheitskonferenz 2012 spielte Thomas de Maizière, nunmehr Verteidigungsminister, die tiefe Krise in den transatlantischen Beziehungen herunter.[21] Sollte die Regierung Merkel allerdings tatsächlich der Meinung sein, mit den transatlantischen Beziehungen sei alles in Ordnung, dann belügt sie sich selbst. Die einzige andere Erklärung ist, dass die Kanzlerin und ihre Minister nicht verstanden haben, welche Auswirkungen die geostrategischen Veränderungen der letzten Jahre auf Europa haben werden.

Was ist der Grund für Berlins erstaunliche Weigerung, strategisch zu denken und zu handeln? Ist es intellektuelle Faulheit? Ist es die Angst davor, die eigenen nationalen Interessen zu definieren und dadurch in die Verlegenheit zu kommen, auch eine Strategie zu ihrer Realisierung entwickeln zu müssen?

Mit Sicherheit könnte Deutschland eine Führungsrolle übernehmen, wenn es dies in seiner Außenpolitik gezielt anstreben würde. Aber anders als Großbritannien und Frankreich besitzt Deutschland nicht die Weitsicht, global zu denken. Und es begreift auch nicht, dass es deswegen umso wichtiger wäre, das große Potenzial zu erkennen, das im Aufbau einer strategischen Beziehung zu den Vereinigten Staaten liegt.

Deutschlands Nachbarn im Osten

Realpolitik zwischen Traumata und Zukunftsorientierung

Deutschlands Beziehungen zu Polen und Russland, seinen wichtigsten Nachbarn im Osten, sind sehr unterschiedlicher Natur. Jede Bundesregierung seit Ende des Kalten Krieges hat dem Rechnung getragen und die deutsch-polnischen und die deutsch-russischen Beziehungen unabhängig voneinander geführt. In Polen sah Berlin einen europäischen Partner, der im bilateralen Verhältnis manchmal schwierig sein konnte, sich aber ohne Zweifel durch Demokratie und Marktwirtschaft auszeichnete. Russland erschien dagegen als das geostrategisch, wirtschaftlich und energiepolitisch weitaus wichtigere Land, dessen politische Entwicklung aber zu großen Zweifeln Anlass bot.

Mittlerweile ist jedoch klar, dass Deutschlands Beziehungen zu Polen und Russland einer immer stärkeren Wechselwirkung unterliegen. Polen hat seine Mitgliedschaft in der NATO und der EU genutzt, um seine Außenpolitik strategisch neu auszurichten. Gegenüber Russland ist die polnische Außenpolitik inzwischen von Pragmatismus, Realismus und, dank der Einbindung in die euroatlantischen Strukturen, von einem Gefühl der Sicherheit geprägt.

Ich möchte in diesem Kapitel ausführlich auf die komplizierte Dreierbeziehung zwischen Berlin, Warschau und Moskau eingehen, weil an ihr deutlich wird, welche außenpolitischen Chancen Deutschland unter Merkel nutzt – und wie viele weitere es vergibt.

Durch ihre DDR-Vergangenheit kennt die Kanzlerin den früheren Ostblock weit besser als ihre Kollegen aus Westeuropa. Und doch zeigt sie sich heute, anders als in ihren ersten Jahren im Amt, ziemlich gleichgültig gegenüber dem Schicksal der Menschen, die heute in Weißrussland oder der Ukraine unterdrückt werden. Die Entwicklungen in Russland verfolgt sie dagegen sehr kritisch.

Doch zurück zu Polen, diesem selbstbewussten, strategisch vorgehenden Land. Bereits sofort nach seiner Aufnahme in die Europäische Union 2004 machte Polen deutlich, dass es als sechstgrößtes Land der Gemeinschaft (bezogen auf die Bevölkerung) nicht bereit sei, die zweite Geige zu spielen. Jeder Versuch, die neuen Mitgliedsstaaten zu ignorieren oder schlechter zu behandeln, würde auf energischen Widerstand treffen.

Vermutlich musste das deutlich gesagt werden. Denn das »alte Europa« verhielt sich anfangs äußerst herablassend gegenüber seinen neuen Mitgliedern. Vor allem Frankreich vermittelte den Eindruck, die acht neuen mittel- und osteuropäischen Staaten müssten dankbar sein, endlich in den westeuropäischen Nachkriegsklub demokratischer Länder aufgenommen zu werden. Sie sollten sich, so die klare Botschaft, unterwürfig und fügsam verhalten. Auf dem Brüsseler EU-Gipfel im Februar 2003 warnte der französische Präsident Jacques Chirac die Osteuropäer davor, die Politik der EU öffentlich in Frage zu stellen. In einer ungewöhnlichen Attacke auf die demnächst beitretenden Länder kritisierte Chirac deren Unterstützung für den geplanten Irakkrieg der USA und warf ihnen vor, eine »großartige Gelegenheit verpasst zu haben, die Klappe zu halten«.

Die mittel- und osteuropäischen Staaten unterstützten Washington in der Irakfrage aber nicht nur, weil sie Atlantiker waren. Sie bewerteten die amerikanische Invasion auch als moralisch richtig, weil sie die Gewaltherrschaft Saddam Husseins beenden sollte. Die Frage, ob Irak tatsächlich Massenvernichtungswaffen besaß, spielte für sie nur eine geringe Rolle. Im Anklang an ihre eigene historische Erfahrung ging es ihnen um die Beseitigung eines Diktators.

Weder Frankreich noch Deutschland hatten Verständnis für diese Haltung. Es war daher ziemlich mutig von den Regierungen in Warschau, Riga, Vilnius, Prag und den anderen Hauptstädten Osteuropas, sich für diesen Krieg auszusprechen, obwohl ihnen klar sein musste, dass man sie in der übrigen EU für undankbar, ja sogar für illoyal halten konnte. Doch diesem Konflikt hielten sie stand.

Als Mitglied der EU sah Polen seine Aufgabe vor allem in der Entwicklung einer europäischen Ostpolitik. Warschau beanspruchte eine entscheidende Stimme bei der Entwicklung einer gemeinsamen Strategie der Europäischen Union gegenüber Russland. Zusammen mit Schweden initiierte Polen zudem im Rahmen der Europäischen Nachbarschaftspolitik die »Östliche Partnerschaft«, deren Ziel die Heranführung der sechs östlichen Nachbarstaaten Armenien, Aserbaidschan, Georgien, Moldau, Ukraine und Weißrussland an die EU ist.

Sehr deutlich wurde Polens Bedeutung in der EU, als in der Ukraine 2004 die Orange Revolution ausbrach. Polens Präsident Aleksander Kwaśniewski, sein litauischer Kollege Valdas Adamkus sowie der EU-Außenbeauftragte Javier Solana flogen gemeinsam in die ukrainische Hauptstadt Kiew. Sie wollten zwischen dem Regime und der Opposition vermitteln, um Blutvergießen zu verhindern. Von deutscher Seite zeigte nur der engagierte und energische Botschafter in Kiew, Dietmar Stüdemann, Präsenz. Von der Bundesregierung ließ sich in jenen Tagen in der Ukraine niemand blicken. Hatten die deutschen Politiker kein dringendes Interesse an der zukünftigen Entwicklung der Ukraine, oder akzeptierten sie Polens Anspruch, hier als Vermittler tätig zu werden? Es war sicherlich eine Kombination aus beiden Aspekten.

Die deutsch-ukrainischen Beziehungen sind nicht einfach. Nach der Orangen Revolution dauerte es noch vier Jahre, bis Angela Merkel im Juli 2008 das Land besuchte. Die ursprünglich jährlich geplanten Regierungskonsultationen fanden über Jahre hinweg überhaupt nicht statt. Deutschland zog den Unmut der Ukraine auf sich, als es sich auf dem NATO-Gipfel in Bukarest an die Spitze der Gegner einer raschen Beitrittsperspektive für das Land stellte. Ähnlich zurückhaltend bis ablehnend äußert sich Merkel zur Frage einer EU-Mitgliedschaft der Ukraine. Sie hoffte, dass das Assoziierungsabkommen, das die Ukraine durch die Übernahme von EU-Gesetzgebung wirtschaftlich und politisch schrittweise näher an die EU heranführen soll, den Wunsch nach einer Vollmitgliedschaft stillen würde. Ende 2011 konnten die Verhandlungen für dieses Abkommen abgeschlossen werden. Doch aus Sorge um die Entwicklung von Demokratie, Rechtsstaat und Menschenrechten bleibt die Unterzeichnung vorerst ausgesetzt.

Natürlich verfolgt Warschau mit seinem Engagement in Kiew nationale Interessen. Polen will die Ukraine in den euroatlantischen Strukturen verankern, und zwar nicht nur, um die demokratische Entwicklung der Ukraine zu fördern, sondern – auch wenn das nie als offizieller Grund angeführt wurde – um Polen einen Puffer gegenüber Russland zu verschaffen. Für Polen gibt es nichts Erstrebenswerteres, als ein stabiles, demokratisches und prowestliches Land an seiner Ostgrenze zu haben. Für Merkels Gleichgültigkeit in dieser Frage kann daher keine polnische Regierung Verständnis aufbringen.

Auch unter den Kaczyński-Zwillingen, die zeitgleich mit Angela Merkels Vereidigung zur Bundeskanzlerin im November 2005 an die Macht kamen, setzte Polen diese Politik fort. Die beiden – der eine als Präsident, der andere als Regierungschef – waren aus europäischer Sicht ein schreckliches Duo. Die Brüder waren europaskeptisch, nationalistisch, antideutsch und antirussisch, jedoch in hohem Maße proamerikanisch eingestellt. Man wüsste gerne, wie oft sich Merkel bei einem ihrer Treffen mit den Kaczyńskis auf die Zunge beißen musste. Sicher hat es sie nicht gleichgültig gelassen, als polnische Boulevardblätter und Wochenzeitungen – durch die antideutsche Rhetorik der polnischen Regierung ermutigt – sie als Nationalsozialistin karikierten. Doch trotz der garstigen antideutschen Propaganda war Merkel bewusst, welchen Schaden die bilateralen Beziehungen nehmen würden, wenn sie auf den zunehmenden Populismus der Partei für Recht und Gerechtigkeit (PiS) der Kaczyński-Brüder reagieren würde. Sie hatte es sich zum Ziel gesetzt, die bilateralen Beziehungen zu verbessern, auch wenn das bei diesen polnischen Gesprächspartnern ein schwieriges Unterfangen war.

Für die Polen war dies nicht selbstverständlich. Sie glaubten, jeder neue Bundeskanzler würde sich im ersten Regierungsjahr ohnehin auf die Innenpolitik konzentrieren. Sie erinnerten sich auch an den schwierigen Start, den sie mit Merkels Vorgänger Gerhard Schröder gehabt hatten. Gleich zu Anfang hatte sich Schröder in Polen unbeliebt gemacht, als er sagte, der von Kohl versprochene EU-Beitrittstermin im Jahr 2000 sei nicht zu halten. Nachdem diese unangenehme Wahrheit aber erst einmal ausgesprochen war, gehörte Schröder zu den entschiedensten Befürwortern einer raschen und viele Staaten umfassenden Osterweiterung und räumte selbst viele Hürden durch großzügige finanzielle Zugeständnisse aus. Während der Beitrittsverhandlungen spielte Deutschland unter Schröder dieselbe Rolle als Anwalt der mittel- und osteuropäischen Staaten, die es schon unter Kohl innegehabt hatte. So verschaffte Schröder Polen großzügige Zugeständnisse bei den Agrarsubventionen und verhinderte auf dem

EU-Gipfel von Nizza eine von Frankreich geplante Diskriminierung Polens bei der Stimmgewichtung im Ministerrat.

Bei aller Dankbarkeit für Schröders Unterstützung störte die Polen aber die enge Beziehung, die der deutsche Regierungschef zum russischen Präsidenten Putin aufbaute. Dies weckte ihr Misstrauen, und sie befürchteten, dass Putins historisch bedingte kritische Sicht auf die Staaten Ost- und Mitteleuropas auf Schröder abfärben könnte.

Für erhebliche Verstimmung sorgte der Bau der deutsch-russischen Erdgaspipeline durch die Ostsee. Die Nord-Stream-Pipeline, eine von Schröders Lieblingsprojekten, ermöglichte es Russland erstmals, Erdgas direkt nach Westeuropa zu liefern und so seine Abhängigkeit von den Transitländern Ukraine, Weißrussland und Polen zu verringern. Die Tatsache, dass Schröder und Putin eine so enge Freundschaft pflegten, ließ Warschau vermuten, Deutschland treffe mit dem Kreml Absprachen hinter seinem Rücken. Dass Schröder darauf verzichtete, Menschenrechtsverletzungen in Russland zu kritisieren, und Putin als »lupenreinen Demokraten« lobte, machte die Sache nicht besser.

Merkel war noch keine drei Monate im Amt, als sie begann, die deutsche Außenpolitik hinsichtlich der östlichen Nachbarn neu auszurichten. Dies spiegelte sich in hektischer diplomatischer Betriebsamkeit in Berlin wider. Innerhalb von nur zehn Tagen richtete das Auswärtige Amt eine deutsch-baltische Tagung aus, kam der ungarische Präsident László Sólyom zu einem Staatsbesuch und wurden weißrussische Oppositionelle in die deutsche Hauptstadt eingeladen. All das überraschte die Polen positiv, und sie lobten, dass Deutschland nun seiner Rolle als wichtigster Macht Europas endlich wieder gerecht werde.

Einer der Besucher aus Weißrussland in jenen Tagen war der demokratische Oppositionsführer Alexander Milinkevich, der trotz Zensur und massiver Einschüchterung bei den für den 19. März 2006 angesetzten Wahlen gegen Präsident Alexander Lukaschenko antreten wollte. Milinkevich bedeutete das Treffen mit Merkel viel.»Es zeigt, dass sie unsere demokratische Bewegung und unseren Wunsch nach einem freien Weißrussland anerkennt«, sagte er. »Aber genauso wichtig ist, dass ich das Gefühl habe, dass mir dieses Treffen mehr Sicherheit und Schutz geben wird. Sie wissen sicherlich, dass Journalisten und Oppositionelle in Weißrussland verschwinden.«[22]

Deutschland leistete auch konkrete Hilfe für Weißrussland. Der staatlich finanzierte deutsche Auslandsrundfunk, die Deutsche Welle, begann am 30. Oktober 2005 mit der Ausstrahlung eines täglichen 30-minütigen Programms für Weißrussland. Die Bundesregierung stellte außerdem drei Millionen Euro bereit, um weißrussische Nichtregierungsorganisationen über einen Zeitraum von drei Jahren zu unterstützen.

Einer der Führer der oppositionellen Vereinigten Bürgerpartei Weißrusslands, Anatoly Lebedko, drückte mir gegenüber seine Freude darüber aus, dass Deutschland endlich eine klare Strategie gegenüber Weißrussland verfolge. »Als größtes und wichtigstes Land in Europa kann Berlin die Politik der Europäischen Union beeinflussen und zu einem ausgewogeneren Verhältnis zu Russland beitragen«, so Lebedko, der Milinkevich nach Berlin begleitet hatte. »Merkel ist eher bereit, sich für unsere Interessen einzusetzen. Und der größte Unterschied zu Schröder ist natürlich der, dass Merkel Putin nicht ›Wolodja, mein Freund‹ nennt.«[23]

Acht Jahre später ist Merkels Engagement für die Demokratie in Weißrussland, der Ukraine oder auch Georgien der Resignation gewichen. Sie hat feststellen müssen, welche engen Grenzen Deutschlands Macht und Möglichkeiten gezogen sind. Weder die deutschen Hilfen für die Opposition noch die EU-Sanktionen gegen die Regierungen haben in diesen Ländern zu nachhaltigen Veränderungen geführt. Besonders traurig ist die Lage in Weißrussland, der letzten Diktatur Europas. Merkel hat offenbar die Hoffnung aufgegeben, Deutschland oder die EU könnten durch ihre Außenpolitik dort etwas bewirken. Am liebsten scheint ihr zu sein, man spricht nicht einmal mehr über die Lage dort.

Doch zurück zu den Anfangsjahren. Damals setzte Merkel weitere Akzente, die in Polen mit Genugtuung aufgenommen wurden. Ihr Antrittsbesuch in Warschau fand im Dezember 2005 statt – dies war ihre erste Reise als Kanzlerin in ein Land Osteuropas, und sie fand einen Monat vor ihrem Antrittsbesuch in Russland statt. Bevor Merkel nach Moskau reiste, informierte der deutsche Botschafter in Warschau das polnische Außenministerium über die geplanten Gesprächsinhalte mit Putin: Menschenrechte, Energiefragen und die Lage in Weißrussland. Am Tag nach ihrer Rückkehr aus Moskau unterrichtete das Kanzleramt einen leitenden Mitarbeiter der polnischen Botschaft über die Ergebnisse. Kein

Wunder, dass Warschau zufrieden war. Merkel ließ nicht zu, dass Russland Berlin gegen Warschau ausspielte oder Polen ins Abseits drängte.

Es gibt noch weitere Beispiele dafür, wie Merkel Polens Interessen gegenüber Russland verteidigte. Ende 2005 hatte Russland den Import von polnischem Fleisch wegen angeblicher Hygienemängel gestoppt. Westliche Diplomaten vermuteten sofort, Putin wolle die europäische Solidarität gegenüber Polen sowie die besondere Beziehung Deutschlands zu Polen testen. Sie sahen den Importstopp als Einschüchterungsversuch gegenüber einem früheren Vasallenstaat.

Doch Polen gab nicht etwa klein bei, sondern revanchierte sich für das Importverbot, indem es ein EU-Partnerschaftsabkommen mit Russland blockierte, an dem Moskau großes Interesse hatte, weil es Handelserleichterungen vorsah. Und Deutschland distanzierte sich nicht von Polen, sondern unterstützte Warschaus Veto gegen die Vereinbarung ausdrücklich. Sehr schnell war klar, dass Putin sich verkalkuliert hatte. Nun war Merkel an der Macht und nicht mehr Schröder. Zugleich demonstrierte Polen mit seiner Politik, dass es kein Mitglied zweiter Klasse in der EU ist. Es verfügt über ein Vetorecht und setzt dieses notfalls auch ohne Zögern ein.

Bei allen positiven Entwicklungen in den deutsch-polnischen Beziehungen belastete immer noch die Frage der Vertriebenen das bilaterale Verhältnis. Seit dem Jahr 2000 plante der von Merkels Parteifreundin Erika Steinbach geleitete Bund der Vertriebenen ein Zentrum zur Erinnerung an die Vertreibung der Deutschen aus den Gebieten östlich der Oder und Neiße nach dem Zweiten Weltkrieg. Während Steinbach argumentierte, dieses Zentrum leiste einen Beitrag zur Aussöhnung, löste es in Polen große Proteste aus. Hinzu kam, dass die Vertriebenenorganisation »Preußische Treuhand« Polen im Herbst 2006 vor dem Europäischen Gerichtshof für Menschenrechte auf Entschädigung für verlorenes Eigentum in den ehemaligen deutschen Ostgebieten verklagte. Merkel distanzierte sich zwar von der »Preußischen Treuhand«, lehnte aber die von Polen geforderte verbindliche Verzichtserklärung auf Entschädigung ab. Der polnische Ministerpräsident Jaroslaw Kaczyński reagierte verstimmt: Solange Berlin die Forderungen deutscher Vertriebener nicht stoppe, könne es keine wirkliche Normalisierung der Beziehungen geben.

Kaczyński irrte. Deutschland und Polen gelang es, ihr Verhältnis weitgehend zu normalisieren, auch ohne dass Merkel den Vertriebenen einen Maulkorb angelegt hatte. Wie hätte das in einer Demokratie auch funktionieren sollen? Nein, der Schlüssel zur Normalisierung lag nicht in Berlin, sondern in Warschau. Als Ministerpräsident Kaczyński 2007 von dem zutiefst pragmatischen, umgänglichen und deutschfreundlichen Donald Tusk abgelöst wurde, blühten die deutsch-polnischen Beziehungen auf. Eine so herzliche Beziehung wie zum amtierenden polnischen Ministerpräsidenten hat Merkel zu kaum einem anderen Staatsmann der Welt. Zwischen beiden stimmt die Chemie, aber auch die Politik. Bei aller Kritik an Merkels strategischen Schwächen im transatlantischen Verhältnis oder der Europapolitik – gegenüber Polen hat sie mit beharrlicher Freundlichkeit für einen historischen Neuanfang gesorgt. Diese Tatsache muss würdigen, wer ein Bild der Außenpolitik dieser Kanzlerin zeichnen will.

Unter Donald Tusk reagierte Polen ganz anders auf die Euro-Krise als die meisten anderen EU-Länder. Während diese vor weiteren Integrationsschritten gerade jetzt zurückschreckten, traf Warschau die strategische Entscheidung, sich für ein stärkeres Europa einzusetzen. Bei einem Berlin-Besuch im November 2011 verblüffte Außenminister Radosław Sikorski seine Zuhörer mit einer kühnen Vision einer zukünftigen Europäischen Union.[24]

Seine Forderung nach weitreichenden Reformen der europäischen Institutionen muss Musik in den Ohren des deutschen Finanzministers und leidenschaftlichen Europäers Wolfgang Schäuble gewesen sein. »Je mehr Befugnisse wir an die europäischen Institutionen übertragen, desto stärker demokratisch legitimiert müssen diese sein«, erklärte Sikorski. Er forderte auch, dem Europäischen Parlament und der Europäischen Kommission mehr Rechte einzuräumen. Der EU-Ratspräsident sollte vom »europäischen Volk« direkt gewählt werden.

Aber es waren Sikorskis Aussagen zu Deutschland, die das Berliner Publikum erstaunten und die polnischen Nationalisten erzürnten. »Worin sehe ich als polnischer Außenminister heute, am 28. November 2011, die größte Bedrohung für Polens Sicherheit und Wohlstand? Es ist nicht der Terrorismus, es sind nicht die Taliban, und es sind ganz sicher nicht deutsche Panzer. Es sind noch nicht einmal russische Raketen, mit denen Präsident Medwedew drohte, dass er sie an der Grenze zur EU aufstellen würde. Die größte Bedrohung für Polens Sicherheit und Wohlstand wäre der Zusammenbruch der Eurozone. Ich verlange von Deutschland zu seinem eigenen und zu unserem Besten, dass es der Eurozone zum Überleben und Gedeihen verhilft. Sie wissen genau, dass kein anderer das kann. Ich bin vermutlich der erste polnische Außenminister der Geschichte, der so etwas sagt, aber so ist es: Ich fürchte die deutsche Macht weniger als die deutsche Untätigkeit. Sie sind Europas unverzichtbare Nation geworden. Sie dürfen bei der Führung nicht versagen. Nicht dominieren, sondern bei Reformen führen.«

Sikorski führte seine Rede mit einem Zitat des deutschen Philosophen Jürgen Habermas fort: »Habermas bemerkte richtig: ›Wenn das europäische Projekt scheitert, dann ist die Frage, wie lange es dauert, bis es den Status quo wieder erreicht. Man denke an die deutsche Revolution von 1848: Nachdem sie scheiterte, brauchten wir 100 Jahre, um wieder das damalige Niveau von Demokratie zu erreichen.‹ Vorausgesetzt, dass Sie uns in die Entscheidungsfindung einbeziehen, wird Polen Sie unterstützen.«

Ich bin mir nicht sicher, ob Sikorski diese Rede gehalten hätte, wenn sich die Beziehungen zwischen Warschau und Berlin in den letzten Jahren nicht so deutlich verbessert hätten. Interessanterweise aber enthielt sie keinen Hinweis auf die Zukunft der europäischen Sicherheits- und Verteidigungspolitik, obwohl Polen vermutlich das Land in der EU ist, das einer weiteren Integration auch in diesem Bereich am aufgeschlossensten gegenübersteht. Spricht man mit polnischen Diplomaten, wird Polens Interesse an einem starken Europa deutlich, das auch auf der Weltbühne zur Geltung kommt. Zumindest aber sollte es in der Lage sein, mit Konflikten in seiner Nachbarschaft selbst fertigzuwerden.

Nicht nur die politischen, sondern auch die wirtschaftlichen und gesellschaftlichen Beziehungen zwischen Deutschland und Polen werden immer enger. Im Jahr 2013 sind die deutschen Exporte nach Polen neun Mal so hoch wie 1990 und wachsen trotz der Krise weiterhin. Umfragen ergaben, dass die Polen sich mit ihrem deutschen Nachbarn zunehmend wohlfühlen.[25] Nach einer repräsentativen Studie sehen zwei Drittel der Polen und fast die Hälfte der Deutschen das Verhältnis zum Nachbarn positiv. Besonders die Polen zeigen sich immer offener. Fast 70 Prozent haben keine Einwände dagegen, dass sich Deutsche in Polen dauerhaft niederlassen. Was für ein Kontrast zu der Zeit vor dem EU-Beitritt, als so viele Polen sich vor einem Ausverkauf ihres Landes an Deutschland fürchteten!

An einem sehr kalten Januarmorgen des Jahres 2006 wartete ich mit mehreren deutschen Kollegen in einem Pressebus vor dem Kreml. Drinnen beendete Merkel gerade ihr Gespräch mit Putin. Es war ihr Antrittsbesuch in Russland. Plötzlich tauchte einer von Merkels Beratern auf. Er hatte es eilig und folglich nur wenig Zeit, mit uns zu sprechen. Aber bevor er in den Kreml zurückeilte, erwähnte er noch, dass Putin Merkel ein Geschenk überreicht habe: einen schwarzweiß gefleckten Plüschhund mit Leine.

Diese Anekdote sagt viel über das Verhältnis zwischen Merkel und Putin aus. Mit Schröder hatte Putin eine Männerfreundschaft gepflegt, mit allem, was dazugehört: den Umarmungen, dem gemeinsamen Lachen, den Witzen. Merkel hält sich Putin dagegen auf Abstand. Dass sie als Kind der

DDR fließend Russisch spricht, machte sie Putin nicht sympathischer; vermutlich im Gegenteil. Sicher ist, dass er genau wusste, was er tat, als er Merkel den Plüschhund schenkte. Nicht umsonst hatte er jahrelang die KGB-Außenstelle in Dresden geleitet.

Denn die Kanzlerin mag keine Hunde, seit sie als Kind einmal gebissen wurde. Dennoch brachte Putin zu Merkels Begrüßung im Kreml seine schwarze Labrador-Hündin Koni mit. Merkel sagte nichts und ließ sich ihre Furcht vor dem Hund nicht anmerken. Bei ihrem Treffen in Sotschi ein Jahr später war Koni wieder dabei. Jeder normale Gastgeber hätte Rücksicht auf die Angst seiner Besucherin vor Hunden genommen; Putin nutzte die Situation jedoch für ein Machtspiel. Merkel ignorierte diese unangenehme Situation, so gut sie konnte. Aber sie hat sie weder vergessen noch vergeben.

Auch ohne Plüschhund hätten die Zeichen zwischen beiden auf Konflikt gestanden. Von Beginn ihrer Regierungszeit an kritisierte Merkel in aller Deutlichkeit das Vorgehen der russischen Regierung gegen Presse, Opposition und Menschenrechtsaktivisten. Sie zögerte auch nicht, diese Kritik bei ihrer ersten Pressekonferenz mit Putin öffentlich zu wiederholen. Ihr Markenzeichen war die Betonung der Menschenrechte. Bedeutete dies eine Neuausrichtung der deutschen Politik gegenüber Russland?

Die Große Koalition in Berlin war gepalten. Merkels Kritik an Russland stand im Gegensatz zur Haltung ihres Außenministers, des Sozialdemokraten Frank-Walter Steinmeier, der zu den engsten Vertrauten Schröders gezählt hatte. Steinmeier teilte Merkels Haltung gegenüber Russland nicht und empfahl ein versöhnlicheres Verhalten gegenüber Putin. Er glaubte, Deutschland müsse in Kontinuität der Ostpolitik Willy Brandts auch weiterhin versuchen, Russland einzubinden und zur Modernisierung des Landes ermutigen. Zwangsläufig werde sich dies mit der Zeit auch positiv auf das politische System auswirken.

Putin war im März 2000 in Russland zum Präsidenten gewählt worden. Mit Schröder, dem noch relativ unerfahrenen deutschen Bundeskanzler, verband ihn schnell eine enge Beziehung. Die Freundschaft zwischen beiden hielt auch über den Regierungswechsel in Deutschland im September 2005 hinaus, als Putin dem abgewählten deutschen Kanzler mit einem Job bei Gazprom unter die Arme griff.

Merkel wollte sich gerade in Bezug auf Russland unbedingt von ihrem Vorgänger absetzen, Steinmeier dagegen der alten Ostpolitik neuen Schwung verleihen. Ihm war bewusst, dass Russland die Osterweiterung von EU und NATO als starke Bedrohung wahrnahm, und er fürchtete, das Land könne versucht sein, sich vom Westen abzukoppeln.

Steinmeiers Auswärtiges Amt entwarf daher ein Strategiepapier für eine »Neue Ostpolitik« Deutschlands und der EU. Es sah vor, Russland und seine Nachbarstaaten aktiv in politische Entscheidungen einzubinden, um sie näher an Europa heranzuführen. Menschenrechte spielten dabei, falls überhaupt, eine untergeordnete Rolle. In dem Dokument hieß es, Deutschland verfolge einen »umfassenden, integrativen und vorausschauenden« Ansatz, der klare Signale aussende, dass Russland in Europa willkommen sei und ein Schlüsselpartner für Deutschland und die EU bleiben werde.[26]

Einige Experten befürworteten die neue Ostpolitik, wie der Russland-Experte Alexander Rahr.[27] Andere bezeichneten den Ansatz der »Annäherung durch Verflechtung« als kurzsichtig und gefährlich. »Deutschland wird zunehmend abhängig von russischer Energie«, erklärte Claudia Kemfert, Professorin für Umweltökonomie an der Humboldt-Universität in Berlin. »Diese Abhängigkeit ist gefährlich, vor allem angesichts des Versuchs von Putin, ausländische Investoren zu verdrängen. Deutschland scheint diese Gefahr zu unterschätzen.«

Und schließlich gab es jene, die der Ansicht waren, Deutschland könne ohnehin wenig ausrichten, egal, wie sehr es sich um Russland bemüht. »Wir haben keinen Einfluss auf Russland«, konstatierte der Russland-Experte Roland Götz. »Wir können Russland weder in die NATO noch in die EU integrieren, weil Russland nicht integriert werden möchte. Wir haben keinen Hebel. Deutschlands Einfluss ist begrenzt.«

Merkel und die CDU standen dieser neuen Ostpolitik ebenfalls skeptisch gegenüber. Neben den Differenzen in Fragen der Menschenrechtspolitik traten sie auch dafür ein, im Verhältnis zu Russland den Interessen Polens und der baltischen Staaten einen höheren Stellenwert einzuräumen. Eine eigene Strategie gegenüber Russland entwickelte das Kanzleramt allerdings bis heute nicht. Angesichts der Bedeutung dieses Riesenlandes für Deutschland und Europa ist das ein kaum zu verstehendes Versäumnis. Wo Merkel in Bezug auf Polen auf beeindruckende Weise ihr Gespür für langfristiges, strategisches Handeln bewies, blieb die Aufgabe in Bezug auf Russland unerledigt.

Merkel war erleichtert, als Putin dafür sorgte, dass Dmitri Medwedew – vorübergehend, wie wir heute wissen – Präsident wurde. Die meisten Russland-Beobachter waren zwar der Ansicht, Medwedew sei Putins Marionette (und sie hatten recht, wie man heute ebenfalls weiß). Merkel gab Medwedew trotzdem einen Vertrauensvorschuss. Sie hoffte, er würde sich im Laufe der Zeit von seinem Mentor Putin emanzipieren.

Gleich nach seiner Vereidigung als Präsident im Mai 2008 sprach Medwedew über die »vier I«, die für die Modernisierung Russland sorgen sollten: Institutionen, Infrastruktur, Innovation und Investitionen. Trotz aller Rhetorik waren diese Bereiche während Putins Präsidentschaft vernachlässigt worden. In seinen Reden führte Medwedew aus, dass diese Investitionen eine Diversifizierung der Wirtschaft ermöglichen sollten, um von Energieexporten unabhängiger zu werden.

All dies war Musik in deutschen Ohren, vor allem in denen des Außenministers. Wie lange schon hatten deutsche Regierungsvertreter, Wirtschaftsexperten und Industrielobbyisten den Kreml gedrängt, seine Wirtschaft zu diversifizieren und zu modernisieren!

Medwedew umwarb Steinmeier auch persönlich. Bereits sieben Tage nach seiner Vereidigung empfing der russische Präsident den deutschen Außenminister; es war seine erste Zusammenkunft mit einem ausländischen Regierungsvertreter. Beide Männer kannten sich gut aus der Zeit, als Steinmeier Chef des Bundeskanzleramtes unter Schröder gewesen war. In einer Rede in Jekaterinburg würdigte Steinmeier nachdrücklich den Modernisierungskurs, den Medwedew einleiten wollte.

Merkel war, bei aller Sympathie für Medwedew, für die neue Rhetorik des Kremls nicht so aufgeschlossen. Sie wollte den neuen Mann im Kreml testen. Wenn die Russen enger mit Deutschland zusammenarbeiten wollten, warum sollte man ihnen dann nicht etwas Konkretes anbieten? Zum Beispiel ein gemeinsames Vorgehen zur Lösung des seit 20 Jahren bestehenden Konfliktes in Transnistrien?

Diese Region ist Teil Moldaus, eines armen und korrupten Landes, das an Rumänien grenzt. Seit Ende des Kalten Krieges kämpft Transnistrien mit russischer Unterstützung für seine Unabhängigkeit von der Republik Moldau. Auf den ersten Blick mag überraschen, dass Merkel sich ausgerechnet für Transnistrien interessierte. Schließlich gibt es größere und wichtigere Länder und Themen, um die man sich kümmern könnte. Das Kanzleramt war jedoch der Ansicht, dass man am Beispiel von Transnistrien gut testen könne, ob Medwedew tatsächlich enger mit Deutschland und Europa zusammenarbeiten wollte. Genau das tat Merkel im Juni 2010 auf Schloss Meseberg, dem Gästehaus der Bundesregierung in der Nähe von Berlin.[28] Dort vereinbarten die beiden Politiker, gemeinsam den Versuch zur Beendigung des *frozen conflict* in Transnistrien zu unternehmen.

Im Gegenzug zu der Hilfe in Transnistrien bot Merkel Russland die Erfüllung eines lang gehegten Wunsches an: die Einrichtung eines europäisch-russischen »Politischen und Sicherheitspolitischen Komitees« als einem institutionellen Rahmen für die Zusammenarbeit mit der EU im zivilen und militärischen Krisenmanagement. Nach dem Meseberg-Gipfel war die Stimmung gegenüber Russland im Kanzleramt und im Auswärtigen Amt, das inzwischen von der FDP geführt wurde, etwas optimistischer. Man wagte sogar zu hoffen, dass Medwedew erneut als Präsident antreten und Putin sich damit bescheiden würde, Premierminister zu bleiben.

So einfach war es aber nicht. Medwedew erfüllte die deutschen Erwartungen hinsichtlich Transnistrien nicht. Die Initiative brachte lediglich ein paar kleine Fortschritte, zum Beispiel Reiseerleichterung zwischen Transnistrien und dem Rest Moldaus. Und trotz des guten persönlichen Verhältnisses zwischen Merkel und Medwedew blieb ein Gefühl der Enttäuschung, dass er nicht entschlossener um das Präsidentenamt kämpfte, sondern Putin das Feld überließ.

Immerhin zeigte sich Russland in einem weiteren, eher kleinen Politikfeld kooperativ: Reiseerleichterungen für die Bewohner Kaliningrads. Kaliningrad, das frühere Königsberg, ist seit dem Ende des Kalten Krieges und der Unabhängigkeit Litauens eine russische Exklave. Es liegt 320 Kilometer vom russischen Staatsgebiet entfernt zwischen den beiden EU- und NATO-Mitgliedern Litauen und Polen. Wenn Kaliningrader nach Polen reisen wollten, brauchten sie ein Visum. Vor den Grenzübergangsstellen bildeten sich jeden Tag kilometerlange Schlangen. Wer nicht in der Lage war, die Grenzposten zu bestechen, musste oft mehr als 24 Stunden warten.

Moskau hatte anfangs kein großes Interesse an einer Verbesserung der Lage seiner Staatsbürger in der Exklave. Viel zu groß war die Sorge der russischen Zentralregierung, Kaliningrad könne in Versuchung geraten, sich abzuspalten. Sicher spielte dabei auch die Tatsache eine Rolle, dass Ostpreußen früher deutsch gewesen war. Nach dem Zusammenbruch des sowjetischen Imperiums wollte Moskau auf keinen Fall auch noch dieses Territorium verlieren, das es unter großen Verlusten im Zweiten Weltkrieg erobert hatte.

Umso bemerkenswerter war, dass der russische Außenminister Lawrow im Mai 2011 seine deutschen und polnischen Amtskollegen zu einer gemeinsamen Podiumsdiskussion ausgerechnet in die Immanuel-Kant-Universität in Kaliningrad einlud. Lawrow sagte, Europa und Russland sollten nicht nur bei der Modernisierung der russischen Wirtschaft und dem Aufbau einer neuen Sicherheitsarchitektur zusammenarbeiten, sondern auch den Grenzverkehr erleichtern. An der Reaktion der Studenten wurde deutlich, wie brennend sie das Thema interessierte, denn der Abbau von Grenzkontrollen eröffnete diesen jungen Kaliningradern eine neue Zukunftsperspektive.

Im Juni 2012 war es endlich so weit: Der visumfreie Grenzverkehr wurde beschlossen, Russen aus Kaliningrad dürfen seither ohne Sichtvermerk im Pass bis zu 50 Kilometer weit nach Polen einreisen. Sie müssen dazu lediglich nachweisen, dass sie seit drei Jahren in Kaliningrad leben. Polens Außenminister Sikorski begrüßte die Einigung. Sie gebe drei Millionen Polen und Russen die Möglichkeit zu reisen. Das war eine Untertreibung. Das visumfreie Reisen war Teil einer beharrlich verfolgten Umarmungsstrategie. Reisen haben ja stets den Effekt, den Blick nach außen zu lenken und zu sehen, wie andere Gesellschaften funktionieren.

Auch die Frage der Aussöhnung stand auf der Agenda der drei Länder. Bereits seit den 1950er Jahren bemühen sich Deutschland und Russland bilateral um die Bewältigung ihrer gemeinsamen Geschichte, auch wenn diese nicht so weit ging, dass Russland die von der Roten Armee geraubte Beutekunst zurückgegeben hätte. Noch immer ist auch das Schicksal von Tausenden von Wehrmachtssoldaten ungeklärt.

Die Aussöhnung zwischen Polen und Russland verlief zögerlicher, sie konnte ja auch erst mit dem Ende des Kalten Krieges beginnen, als sich Polen aus dem sowjetischen Einflussbereich befreite. Ausgerechnet ein tragisches Unglück sorgte schließlich für einen Durchbruch zwischen beiden Ländern. Am 10. April 2010 stürzte das Flugzeug des polnischen Präsidenten Lech Kaczyński in der Nähe der russischen Stadt Smolensk ab. Es befand sich auf dem Weg nach Katyn, wo Kaczyński den 70. Jahrestag der Ermordung polnischer Offiziere, Polizisten und Intellektueller durch die Sowjetarmee begehen wollte. Der Absturz, der 96 hochrangige Vertreter von Staat, Politik, Wirtschaft und Gesellschaft in Polen das Leben kostete, schockierte Polen und Russland zutiefst.

Selbst Putin sah sich zu einer erstaunlichen Geste veranlasst: Am Abend nach dem Flugzeugabsturz veranlasste er, dass der preisgekrönte Film des polnischen Regisseurs Andrzey Wajda »Das Massaker von Katyn« im russischen Staatsfernsehen gezeigt wurde. Dadurch erfuhren mehr als 30 Millionen Russen vermutlich zum ersten Mal vom Massenmord in Katyn. Der Film ließ sie verstehen, warum Katyn die polnische Nationalidentität so entscheidend geprägt hat, aber auch, warum die Erinnerung daran noch heute die Beziehungen zu Russland belastet.

Im Juni 2010 setzten die drei Länder eine deutsch-polnisch-russische Historikerkonferenz ein. Wissenschaftler aus allen drei Ländern sollten »über die jeweils unterschiedliche Erinnerungskultur diskutieren«, sagte Westerwelle damals. »Sie werden den Versuch der Annäherung dieser Kulturen in Europa unternehmen. Die Perspektive ist eine gemeinsame europäische Erinnerungskultur, in der die so unterschiedlichen nationalen Erinnerungen in eine europäische Verständigung einfließen.«[29]

Dennoch wissen sowohl Deutsche als auch Polen, dass der Weg zur Aussöhnung mit Russland steinig bleiben dürfte. »Das politische Machtzentrum in Russland ist dafür noch nicht bereit«, konstatierte Karolina Wigura, wissenschaftliche Mitarbeiterin am Institut für Soziologie in Warschau. »Damit das passiert, muss es politisch gewollt werden.« Auch Alexej Miller, Geschichtsprofessor an der staatlichen Universität für Geisteswissenschaften in Moskau, zeigte sich skeptisch: »In einer Gesellschaft, in der Demokratie und Pluralismus so schwach ausgeprägt sind, ist es viel schwieriger für die Gesellschaft und die Historiker, sich gegen die Instrumentalisierung der Vergangenheit zu wehren.«[30]

Wie es mit dem gemeinsamen Erinnerungsprojekt weitergeht, ist nur eine der vielen offenen Fragen, die sich seit Putins Rückkehr in den Kreml im Mai 2012 stellen. Die Hoffnung auf Reformen wurde jedenfalls schnell enttäuscht. Gleich nach Beginn seiner dritten Amtszeit griff Putin hart durch. Mit dem Vorwurf der Blasphemie und des Randalierens wurden die Sängerinnen der Punkband Pussy Riot verhaftet. Putin verkündete neue Maßnahmen gegen Nichtregierungsorganisationen und ein härteres Gesetz gegen Hochverrat. Kritik aus Europa und den USA beeindruckte ihn nicht.

In Deutschland traf Putins eiserne Faust einen empfindlichen Nerv, vor allem bei der CDU. Schon lange hatte ihr die »weiche« und unkritische Haltung der SPD gegenüber Russland missfallen. Anfängliche Hoffnungen, dass der neue FDP-Außenminister Guido Westerwelle einen härteren Kurs fahren würde, hatten sich aber nicht erfüllt. Westerwelle hielt zwar viele Reden über die Bedeutung einer werteorientierten Außenpolitik. Aber im Falle Russlands schien er unter dem Einfluss seines Mentors, des früheren Außenministers Hans-Dietrich Genscher, zu stehen. Für Genscher, einen langjährigen Verfechter der Ostpolitik, hatte die Zusammenarbeit mit Russland jederzeit Priorität.

Die Russlandpolitik des Auswärtigen Amtes wurde auch durch Westerwelles Personalentscheidungen geprägt. Mit dem FDP-Politiker Markus Löning hatte er zwar einen Menschenrechtsbeauftragten ernannt, der sich durchaus kritisch zu Russland äußerte. Zur Gestaltung seiner eigenen Außenpolitik verlässt sich Westerwelle aber nicht auf Löning, sondern vor allem auf die Diplomatin Emily Haber, die er zunächst zur Politischen Direktorin und dann zur Staatssekretärin beförderte. Haber, die als CDU-nah gilt, ist eine wichtige außenpolitische Beraterin Westerwelles. Sie hat lange in der deutschen Botschaft in Moskau gearbeitet und bringt großes Verständnis für Russland auf. So kam es, dass der Wechsel von der Großen zur schwarz-gelben Koalition an den Konfliktlinien innerhalb der deutschen Regierung in Bezug auf die Russlandpolitik nichts änderte. Nach wie vor standen hier Auswärtiges Amt und Kanzleramt gegeneinander.

Im Oktober 2012 verlor die CDU schließlich die Geduld mit Westerwelle und ging selbst in die Offensive. Andreas Schockenhoff, CDU-Bundestagsabgeordneter und seit 2006 Koordinator für die deutsch-russische zwischengesellschaftliche Zusammenarbeit, kritisierte Putin scharf für die Verurteilung der drei Pussy-Riot-Sängerinnen. Er warf ihm vor, den Rechtsstaat zu missachten. Putin schade seinem eigenen Ziel, Russland zu einem modernen, wettbewerbsfähigen Staat zu machen. Der Kreml schlug zurück. Im Oktober 2012 warf das russische Außenministerium Schockenhoff »verleumderische Behauptungen« vor. Die russische Regierung werde ihn nicht mehr als Vertreter der deutschen Regierung akzeptieren.

Die Reaktionen aus Berlin waren bemerkenswert. Die Erwiderung des Auswärtigen Amtes auf die Anschuldigungen Russlands gegen Schockenhoff blieb knapp: Der Beauftragte werde seinen Job behalten. Es folgte kein Wort der Kritik. Merkel hielt sich dagegen nicht zurück. Ihr Regierungssprecher Steffen Seibert erklärte, die Kritik an Schockenhoff habe »bei uns für Verwunderung gesorgt«. Russland stehe nicht zu, zu entscheiden, wer für Deutschland spreche. Seibert fügte hinzu, dass Merkel dies Putin auch selbst sagen werde.

Für Putin verheißt dieser neue Tonfall in der deutschen Debatte nichts Gutes. Mit Merkels Stellungnahme zum Fall Schockenhoff ist klar, dass die Kanzlerin die Strategie »Wandel durch Handel« – sollte sie jemals daran geglaubt haben – für gescheitert hält. Die Antwort allerdings, welchen Kurs Deutschland und die EU stattdessen gegenüber Moskau einschlagen sollten, bleibt sie bislang schuldig.

Russland ist jedoch viel zu wichtig, als dass Deutschland und Europa es sich leisten könnten, dauerhaft auf eine Strategie gegenüber ihrem großen östlichen Nachbarn zu verzichten. Die immer autoritärere Herrschaft Putins birgt zu große Risiken, als dass man sie ignorieren könnte. Deutschland spielt gerade in der Russlandpolitik eine entscheidende Rolle für Europa. Merkel muss endlich damit beginnen, gegenüber Moskau die Möglichkeiten ihrer Macht zu nutzen.

Israel – eine Frage der Staatsräson

Zwischen unbedingter Loyalität und wachsender Kritik

Das deutsch-israelische Verhältnis ist einzigartig. Seit dem ersten, noch heimlichen, Treffen des greisen Bundeskanzlers Konrad Adenauer 1960 mit Ministerpräsident David Ben-Gurion im Hotel Waldorf Astoria in New York hat sich jeder deutsche Regierungschef intensiv um die Beziehungen mit Israel bemüht. Die Geschichte des Holocaust, das Andenken an sechs Millionen ermordete Juden, ist für beide Seiten ein schweres Erbe. Deutschland hat aus diesem dunklen Kapitel seiner Geschichte den Schluss gezogen, dass es moralisch richtig und notwendig ist, den Staat Israel zu unterstützen.

Diese Verpflichtung gegenüber Israel bildet den politischen und gesellschaftlichen Kompass Deutschlands. Sie bedingt, dass sich deutsche Politiker stets besondere Zurückhaltung auferlegt haben, wenn es um Kritik an der israelischen Regierungspolitik oder um Interessenkonflikte zwischen beiden Ländern geht. Auch bei Entscheidungen der Europäischen Union wirkt Berlin mäßigend, was den Deutschen schon manch ärgerliches Wort von anderen Mitgliedsstaaten ein-getragen hat.

Viele westdeutsche Politiker sind mit einer engen Ver-bindung zu Israel aufgewachsen. Sie konnten nach Israel reisen und mit jungen Israelis nächtelang über Schuld und Versöhnung debattieren. Ganz anders Angela Merkel, die in ihrer Jugend kaum Gelegenheit zur Auseinandersetzung mit dem Holocaust hatte. In einem Interview anlässlich der Ver-leihung des Leo-Baeck-Preises 2007 berichtete Merkel, dass zwar auch in der DDR über den Nationalsozialismus gespro-chen wurde, doch habe die Verfolgung der Kommunisten im Vordergrund gestanden, die Vernichtung der Juden hingegen nur eine untergeordnete Rolle gespielt. Da die DDR Israel nicht anerkannte, gab es auch keinen Postverkehr zwischen beiden Ländern. Wenn sie als Wissenschaftlerin eine Publi-kation aus Israel brauchte, habe sie einen Kollegen in den USA um Hilfe bitten müssen. Erst die Wiedervereinigung habe ihr den Zugang zum Thema Holocaust und zu Israel ermöglicht.

Der 18. März 2008 war ein besonderer Tag für Angela Merkel. Als erste ausländische Regierungschefin wurde sie eingela-den, vor der Knesset zu sprechen; bis dahin war nur Staats-oberhäuptern diese Ehre zuteilgeworden. In ihrer Rede, die sie mit ein paar hebräischen Worten einleitete, betonte sie: Die »historische Verantwortung Deutschlands ist Teil der Staatsräson meines Landes. Das heißt, die Sicherheit Israels ist für mich als deutsche Bundeskanzlerin niemals verhan-delbar.«[31]

Das Wort von der Staatsräson wurde in Israel mit Genugtuung, von Teilen der deutschen Öffentlichkeit allerdings durchaus kritisch aufgenommen. Als prominentester deutscher Politiker distanzierte sich vier Jahre später Bundespräsident Joachim Gauck während seines Israel-Besuches im Mai 2012 von Merkels Rede. »Ich will mir nicht jedes Szenario ausdenken, welches die Bundeskanzlerin in enorme Schwierigkeiten bringt, ihren Satz, dass die Sicherheit deutsche Staatsräson ist, politisch umzusetzen.«[32] Das Kanzleramt intervenierte sofort. Gauck musste seine Aussage modifizieren.

Dabei teilt die Kanzlerin durchaus die Sorge, die Gauck zu dieser Äußerung bewogen hatte: die Furcht, Israel könne einen Krieg gegen Iran beginnen, um dessen Atomanlagen zu zerstören. Aus Berliner Sicht wäre das ein Fehler mit unkalkulierbaren Folgen für die Region und für Israel. Sollte Iran die israelischen Luftangriffe mit einem Gegenschlag auf Tel Aviv oder Jerusalem beantworten, wäre eine weitere Eskalation unvermeidlich. Nicht nur Gauck, auch Merkel fürchtet sich vor dem, was die Falken in Benjamin Netanjahus Regierung anrichten könnten.

Diese Betrachtung führt mich zu der wichtigsten Erkenntnis dieses Kapitels: der erstaunlichen Wandlung Merkels, die während ihrer ersten Jahre im Amt zu den loyalsten Unterstützern zählte, die Israel in Deutschland je hatte, die Regierungspolitik Netanjahus inzwischen jedoch ausgesprochen kritisch begleitet. Interessanterweise bleibt der Grundton der deutschen Israelpolitik aber von dem Streit mit Netanjahu unberührt. Nach wie vor ist Deutschland bereit, seine historische Verpflichtung zu erfüllen und dort, wo es darauf ankommt, alles zu tun, um die Existenz des Staates Israels sichern zu helfen.

Dennoch haben sich die Akzente verschoben, vielleicht ist sogar – auch wenn ich in Bezug auf das deutsch-israelische Verhältnis vor diesem Wort zurückscheue – eine gewisse Normalisierung eingetreten. Ein Rückblick auf das Jahr 2009, den Beginn von Merkels zweiter Amtszeit, verdeutlicht die Entwicklung. Damals sorgte das Kanzleramt dafür, dass in den Koalitionsvertrag mit der FDP eine kurze Passage zu Israel aufgenommen wurde, in der das Land als »jüdischer Staat« bezeichnet wurde. Das ist ein Ausdruck, den vor allem die israelische Rechte gern benutzt und den sich noch nie eine deutsche Regierung zu eigen gemacht hatte, denn was bedeutet die Bezeichnung »jüdischer Staat« für Israels mus-limische und christliche Staatsbürger? Leider blieb Merkels Koalition die Antwort auf diese Frage schuldig.

Nicht lange nach der Unterzeichnung des Koalitionsver-trags begann sich das bilaterale Verhältnis einzutrüben. Aus Berliner Sicht liegt die Verantwortung dafür allein bei Ben-jamin Netanjahu, der im März 2009 zum israelischen Pre-mierminister gewählt worden war. Netanjahus bestenfalls halbherzige Bereitschaft zu Friedensverhandlungen mit den Palästinensern, vor allem aber seine Siedlungspolitik, die eine Zweistaatenlösung immer unmöglicher erscheinen lässt, missfielen Merkel. Sie scheute sich auch nicht, die il-legalen jüdischen Siedlungen im besetzten Westjordanland als eines der größten Hindernisse auf dem Weg zu einem Friedensabkommen zu bezeichnen. Selbst im Beisein Netanjahus kritisierte sie die Siedlungen. Die Direktorin des American Jewish Committee in Berlin, Deidre Berger, bewertete Merkels Bereitschaft zu öffentlicher Kritik in der Siedlungsfrage als strategische Veränderung in der deutschen Haltung gegenüber Israel.

In Jerusalem war man über Merkels Kritik verärgert. Im Juni 2010 revanchierte sich die Regierung Netanjahu, indem sie den deutschen Entwicklungshilfeminister Dirk Niebel nicht in den Gazastreifen einreisen ließ. Niebel hatte dort eine Kläranlage besuchen wollen, deren Ausbau Deutschland mit zwölf Millionen Euro unterstützte. Die israelische Regierung begründete ihre Entscheidung damit, sie wolle vermeiden, dass die radikalislamische Hamas, die den Gazastreifen kontrolliert, den Besuch für ihre Zwecke instrumentalisiert. Die Strafmaßnahme traf allerdings den Falschen: Niebels proisraelische Haltung ist unbestritten. Als junger Mann hatte er in einem Kibbuz gelebt, später war er stellvertretender Vorsitzender der Deutsch-Israelischen Gesellschaft. Niebel reagierte wütend und ließ verlauten, dies sei »ein großer außenpolitischer Fehler der israelischen Regierung«.[33]

Nach dem Zwischenfall mit Niebel scheute auch der Bundestag nicht mehr vor der Auseinandersetzung mit Israel zurück. Im Juli 2010 stimmten die Abgeordneten – einstimmig – einem Antrag aller Fraktionen zu, der die israelische Blockade des Gazastreifen verurteilte.[34]

Aber kann man wirklich schon von einem strategischen Wandel in den deutsch-israelischen Beziehungen sprechen, nur weil Deutschland in Einzelfragen seine Meinung sagt? Verändert sich das deutsche Bekenntnis zu Israel, wenn Politiker bestimmte Politiken kritisieren? Nimmt die Scheu der Deutschen, Israel zu kritisieren, immer mehr ab, je länger der Holocaust zurückliegt? Und an welcher Stelle kippt berechtigte Kritik an der israelischen Regierung um in Antisemitismus? Sicherlich gilt für ein Land wie Deutschland angesichts seiner schrecklichen Geschichte ein besonderer Maßstab. Aber wahr ist auch, dass es Israel nicht hilft, wenn die Bundesregierung kritiklos zuschaut, wie eine engstirnige israelische Regierung die Chancen auf eine friedliche Lösung des Nahost-Konflikts immer weiter zerstört.

Ein sehr wichtiges Datum in den deutsch-israelischen Beziehungen ist der 18. Februar 2011. An diesem Tag geschah etwas bis dahin Undenkbares. Deutschland stimmte in New York für eine UN-Sicherheitsratsresolution, in der die israelischen Siedlungen auf besetztem palästinensischem Gebiet als illegal bezeichnet und der unverzügliche Stopp aller Siedlungsaktivitäten gefordert wurde.[35] Diese Resolution scheiterte, wie vorherzusehen war, am Veto der Vereinigten Staaten. Die übrigen 14 Sicherheitsratsmitglieder – auch Deutschland – stimmten dagegen mit Ja. Dies führte dazu, dass sich zwischen Deutschland und Israel, zumindest aber zwischen Merkel und Netanjahu, ein Graben auftat.

Ruprecht Polenz gab zu, dass die deutsche Abstimmung »höchst ungewöhnlich war«, vor allem vor dem Hintergrund, dass sich Deutschland bis dahin bei Israel-kritischen UN-Resolutionen entweder enthalten oder mit Nein gestimmt hatte. Im Umkehrschluss bedeutete das deutsche Votum jedoch nicht, dass Deutschland die Sicherheit Israels nicht mehr verteidigen würde, beeilte sich der CDU-Politiker hinzuzufügen. »Sie bedeutet, dass Kanzlerin Angela Merkel der israelischen Regierung zu erklären versucht, dass angesichts der außergewöhnlichen Veränderungen im Nahen Osten die Zeit nicht auf ihrer Seite ist, wenn es um die Lösung des Konfliktes mit den Palästinensern geht.«

Merkel hatte die Entscheidung, dieser Resolution zuzustimmen, persönlich getroffen. Einer ihrer Berater erklärte mir, dass die Kanzlerin damit keineswegs ein Zeichen der Distanz zu Israel setzen wollte. Im Gegenteil, das deutsche Ja im UN-Sicherheitsrat sollte Merkels Besorgnis zum Ausdruck bringen, dass Israel sich mit seiner Siedlungspolitik selbst am allermeisten schade.

Benjamin Netanjahu allerdings kochte vor Wut. In einem Telefonat am 21. Februar machte er Merkel gegenüber seinen Ärger und seine Enttäuschung deutlich. Aber auch Merkel hielt sich nicht zurück. »Wie können Sie es wagen?«, antwortete sie. »Sie sind derjenige, der uns enttäuscht hat. Sie haben nicht einen einzigen Schritt unternommen, um den Frieden voranzubringen.«[36]

Die Unterhaltung, deren Inhalt der liberalen israelischen Zeitung *Haaretz* zugespielt und mir von israelischen und deutschen Regierungsmitarbeitern bestätigt wurde, offenbart das Ausmaß der Entfremdung zwischen beiden Regierungschefs. »Wir sind enttäuscht von Deutschlands Entscheidung«, sagte mir ein israelischer Regierungsmitarbeiter. »Sie spiegelt Berlins Enttäuschung darüber wider, dass der Friedensprozess nicht vorangeht und dass wir in einer Sackgasse stecken. In Europa herrscht anscheinend die Annahme vor, dass immer Israel den ersten Schritt machen muss, wenn die Verhandlungen stocken.«

Es gehört zum schwierigen Charakter der Beziehungen dieser beiden Länder, dass Israels Verhältnis zu Deutschland ebenso kompliziert und emotional aufgeladen ist wie Deutschlands Verhältnis zu Israel. Nach der UN-Abstimmung stellte sich ein Teil der israelischen Öffentlichkeit auf den Standpunkt, Deutschland dürfe Israel schon aufgrund seiner historischen Verantwortung niemals kritisieren. Im Gegenteil, sagten die anderen: Gerade weil Deutschland ein loyaler und beständiger Freund Israels sei, müsse es diese besondere Beziehung dazu nutzen, unangenehme Themen anzusprechen.

»Merkel ist eine echte Freundin unseres Landes, die einzige, die sich für uns in Europa einsetzt«, sagte Moshe Maor, Politikwissenschaftler an der Hebräischen Universität in Jerusalem. »Merkel sagt Netanjahu, dass er sich den Veränderungen hier in der Region stellen soll. Gerade weil sie von vielen hier so geschätzt wird – warum sollte sie Israel nicht kritisieren dürfen?« Dies bedeute nicht, so fügte er hinzu, dass Merkels Unterstützung für Israel abnehme. »Was sie sagt, ist lediglich, dass bestimmte Entscheidungen der israelischen Regierung unserer Sicherheit schaden.«

Zwei Wochen nach der UN-Abstimmung sagte der Auswärtige Ausschuss des Deutschen Bundestages einen geplanten Besuch in Israel ab. Die israelische Regierung hatte der deutschen Delegation die Einreise nach Gaza verwehrt. Natürlich wurde das als israelische Antwort auf die deutsche UN-Abstimmung interpretiert. »Wir wollten von Deutschland finanzierte Projekte besuchen und UN-Vertreter in Gaza treffen«, sagte Rainer Stinner, FDP-Mitglied des Auswärtigen Ausschusses. »Wir hatten überhaupt nicht die Absicht, mit der Hamas zu sprechen.«

Die zunehmenden Spannungen zwischen Berlin und Jerusalem hingen auch mit dem Beginn des Arabischen Frühlings im Jahr 2011 zusammen. Merkel erkannte, dass die großen Veränderungen im Nahen Osten an Israel nicht spurlos vorübergehen würden. Unter der autoritären Herrschaft Mubaraks war Ägypten für Israel ein Stabilitätsgarant gewesen; der Friedensvertrag zwischen beiden Staaten begründete zwar keine Freundschaft, aber immerhin einen korrekten und zuverlässigen Umgang. Nach dem Sturz Mubaraks konnte dies nicht mehr als selbstverständlich angesehen werden.

Merkel bemühte sich, der israelischen Regierung klarzumachen, dass diese nicht länger die uneingeschränkte Unterstützung Berlins erwarten könne, wenn sie im Konflikt mit den Palästinensern untätig bleibe. »Die Lage in Ägypten sollte keine Entschuldigung dafür sein, den Friedensprozess nicht fortzusetzen«, sagte Merkel in einer Rede am Institut für Nationale Sicherheitsstudien im Februar 2011 in Tel Aviv.[37] »Ich würde sogar sagen, dass Abwarten die Dinge verschlechtern kann.« Für Merkels Verhältnisse waren das ungewöhnlich deutliche Worte. Vielleicht drückte sie sich so klar aus, weil sie unmittelbar zuvor ein weiteres hitziges Gespräch mit Netanjahu geführt hatte. Wie aus verschiedenen Quellen zu hören war, nahm sie auch dieses Mal kein Blatt vor den Mund und brachte ihre Ablehnung der Siedlungspolitik klar zum Ausdruck.

Doch egal, was Merkel, die Europäische Union, die Vereinten Nationen und sogar die USA über Israels Politik gegenüber den Palästinensern sagten – Netanjahu hielt an seinem Kurs fest. Er konnte sich dabei gewiss sein, von einer klaren Mehrheit seiner Landsleute unterstützt zu werden.

Den vorerst letzten heftigen Krach zwischen Netanjahu und Merkel gab es im November 2012. Es ging um eine Abstimmung in der UN-Vollversammlung über die Anerkennung Palästinas als Staat, nicht als Vollmitglied, sondern nur mit einem Beobachterstatus, aber eben als Staat. Die israelische Regierung lehnte den Antrag entschieden ab und warb in den Hauptstädten Europas intensiv für ein Nein. Die Bundesregierung wollte diesem Wunsch trotz ihrer Unzufriedenheit mit Netanjahus Siedlungspolitik zunächst entsprechen. Doch am Tag der Abstimmung, dem 29. November 2012, enthielt sich Deutschland der Stimme. Für das Ergebnis der Abstimmung war dies nicht von Belang; der palästinensische Antrag wurde ohnehin von einer überwältigenden Mehrheit der Staaten befürwortet. Doch Berlins Enthaltung war ein wichtiges politisches Symbol.

Was war passiert? Zum einen standen die Deutschen zunehmend isoliert da, nachdem sich die europäischen Partner, allen voran Frankreich und Großbritannien, für eine Zustimmung entschieden hatten. Zum anderen bewirkte die jüngste Eskalation im Gaza-Krieg, aus der die Hamas gestärkt hervorgegangen war, ein Umdenken bei den Deutschen. Berlin enthielt sich der Stimme, um den moderaten Regierungschef Mahmud Abbas im Machtkampf gegen die radikale Hamas nicht noch weiter zu schwächen.

Netanjahu verurteilte diese Entscheidung Deutschlands öffentlich; er fühlte sich ein weiteres Mal von Berlin getäuscht und im Stich gelassen. Merkel reagierte hingegen gelassen: »Wir sind uns einig, dass wir uns nicht einig sind.«

In Deutschland veränderte sich während Merkels Regierungszeit jedoch nicht nur die Einstellung der Politiker zu Israel, sondern auch die der Bürger. Das zeigte exemplarisch der Fall Günter Grass. Im April 2012 veröffentlichte der Literatur-Nobelpreisträger ein politisches Gedicht mit dem Titel »Was gesagt werden muss«.[38] Darin machte Grass darauf aufmerksam, dass Israel deutsche U-Boote – mit »allesvernichtenden Sprengköpfen« ausgestattet – gegen Iran einsetzen könnte. Der Schriftsteller bemängelte zudem die deutsche Scheu vor Kritik an Israel. Schließlich warf er sich selbst vor, bislang geschwiegen zu haben. Ohne Zweifel würde er nun des Antisemitismus beschuldigt, prophezeite er.

Grass' Gedicht, ein eher ungelenkes Zeilenwerk, verdient für sich genommen keine besondere Aufmerksamkeit. Aber die hitzige öffentliche Debatte, die es auslöste, war interessant. Politiker und Medien verurteilten das Gedicht nahezu einstimmig als gefährliche antisemitische Hetze. Grass blamiere sich damit umso mehr, als er seine eigene Dienstzeit in der Waffen-SS am Ende des Zweiten Weltkriegs über Jahrzehnte hinweg verschwiegen hatte. Ganz anders reagierte die breite deutsche Öffentlichkeit. Tausende von Leserbriefen, die in dieser Zeit bei meinen deutschen Zeitungskollegen eingingen, spiegelten tiefe Befriedigung darüber wider, dass sich hier endlich jemand traue, Wahrheiten auszusprechen, die sonst immer unterdrückt würden. Als Israels Premier

Netanjahu dem deutschen Literaten dann auch noch die Ehre antat, ihn zur Persona non grata in Israel zu erklären, solidarisierten sich zahlreiche Deutsche erst recht mit ihm.

»Man muss ein klares Wort sagen dürfen, ohne als Israel-Feind denunziert zu werden«, sagte auch der Präsident der Berliner Akademie der Künste, Klaus Staeck. Die »reflexhaften Verurteilungen« von Grass als Antisemit halte er nicht für angemessen, fügte er hinzu. Grass habe nur seiner Sorge über die Entwicklungen im Nahen Osten Ausdruck verliehen. »Diese Befürchtung teilt er mit vielen anderen Menschen«, so Staeck.[39]

Welche Lehre lässt sich aus dieser Episode ziehen? Ganz sicher ist die deutsche Öffentlichkeit in Bezug auf Israel nicht so objektiv, wie sie das selbst gerne glauben würde. In die Debatte um politische Fehler einer israelischen Regierung mischen sich auf deutscher Seite immer auch Schuldgefühle – und die Sehnsucht, diese Schuldgefühle endlich ablegen zu dürfen. Aber Deutschlands Vergangenheit ist kein Mantel, den man an der Garderobe abgeben kann. Das gilt auch in einer Zeit, in der Israel von einem Hardliner regiert wird, der zu Kritik jederzeit genug Anlass gibt.

In der offiziellen deutschen Politik gegenüber Israel scheint Angela Merkel eine neue Balance gefunden zu haben. Ungeachtet ihrer Kritik an Netanjahus Siedlungspolitik führt die deutsche Kanzlerin nämlich eine Konstante fort: die deutsche Militärhilfe, die jenseits aller politischen Differenzen dazu dient, Israels Existenz sichern zu helfen.

Im Juni 2012 veröffentlichte das Nachrichtenmagazin *Der*

Spiegel eine Titelgeschichte über die Lieferung deutscher U-Boote nach Israel, die mit nuklear bestückten Marschflug-körpern ausgestattet werden können.[40] Es ist kein Geheimnis (auch wenn Grass das behauptete), dass Deutschland schon seit der Regierungszeit der sozialdemokratischen Bundes-kanzler Willy Brandt und Helmut Schmidt in den 1970er Jah-ren solche U-Boote für Israel baut. Dennoch sprechen deut-sche Politiker darüber nicht gern – das Thema Waffenexporte ist an sich schon heikel, und wenn es um Trägersysteme für Atomwaffen geht, gilt das erst recht. Doch innerhalb der po-litischen Klasse sind die Lieferungen unumstritten; sie gelten als Teil der deutschen Verpflichtung und Verantwortung ge-genüber Israels Sicherheit.

Es war das erste Mal, dass Israel einem ausländischen Reporter Zugang zu einem der U-Boote erlaubte – eine per-fekte Titelgeschichte für den *Spiegel*. Für Israel war es eine PR-Aktion, deren Zweck darin bestand, Iran zu beweisen, dass das Land im Besitz nuklear bestückter U-Boote ist. Soll-te Iran es wagen, Israel anzugreifen, wäre Israel zum Zweit-schlag fähig. Die U-Boote sind also Israels Absicherung für den Fall, dass Iran eines Tages die Bombe bauen kann oder Israel von einem anderen Land angegriffen wird.

Natürlich waren einige Politiker aus Merkels konservati-ver Koalition verärgert über den Artikel. Beide Länder waren übereingekommen, die Angelegenheit nicht öffentlich zu diskutieren. Außerdem übt sich Israel seit jeher in Mehrdeu-tigkeit, wenn es um sein Atomwaffenprogramm geht. Inter-essanter erscheint mir Folgendes: Obwohl der *Spiegel* Details über den Bau und die Kosten der U-Boote nannte und, noch wichtiger, über die wachsende Sorge der Deutschen berichtete, Israel könnte einen Krieg mit Iran beginnen, blieb die Empörung der deutschen Öffentlichkeit aus. Sosehr ein Fall Grass die Gemüter erregen kann, scheint es den meisten Deutschen doch einzuleuchten, dass Deutschland Israel Solidarität schuldet, wenn dem Land ernsthaft Gefahr droht. Der ehemalige Bundeskanzler Gerhard Schröder fasste dies einmal kurz und knapp so zusammen: »Israel bekommt, was es braucht.«

Wie fügt sich nun aus diesen verschiedenen und durchaus widersprüchlichen Elementen ein Gesamtbild der deutschen Israelpolitik unter Angela Merkel zusammen? Bei aller Kritik an der Politik der israelischen Regierung, die in ihrer Deutlichkeit und Öffentlichkeit neu ist, erkennt die Kanzlerin nach wie vor die besondere Verantwortung Deutschlands für Israel an. Noch ist das in der politischen Elite Deutschlands Konsens. Dies bewirkt auch, dass Merkels persönliche Antipathie gegen Netanjahu – die zweifellos vorhanden ist – bei Weitem nicht so stark auf die deutsche Israelpolitik durchschlägt wie beispielsweise ihre Abneigung gegenüber Putin.

Rascher als in der Elite verändert sich jedoch die Einstellung zu Israel in der deutschen Bevölkerung. Noch gibt es Überlebende des Holocaust, die die Gräuel bezeugen und die Deutschen an ihre Verantwortung erinnern. Merkel, wie alle deutschen Politiker, muss sich fragen, auf welcher Grundlage die Beziehung zu Israel basieren wird, wenn diese Generation nicht mehr lebt. Eine Antwort darauf hat sie bisher nicht gegeben. »Die große Frage ist, ob die besondere Beziehung in Zukunft noch Bestand haben wird«, sagte David

Harris, Geschäftsführender Direktor des American Jewish Committee. »Wird mit dem Ableben jener Generationen in Deutschland, die den Zweiten Weltkrieg erlebt haben, das Verantwortungsgefühl für die besonderen Beziehungen weiter bestehen, oder wird es mit der Zeit abnehmen?«

Das ungeliebte Militär

Deutschland fehlt eine sicherheitspolitische Strategie

Der Zweite Weltkrieg und die Vernichtung der Juden hinterließen tiefe Spuren im Bewusstsein der Deutschen. Die deutsche Teilung und der Verlust eines Drittels seines Territoriums waren der Preis, den Deutschland für seine militaristische und autoritätshörige Tradition zu zahlen hatte. Nach 1945 wurde die Losung »Nie wieder Krieg« zum wichtigsten Motto von Generationen von jungen Deutschen, die im Pazifismus die einzig mögliche Konsequenz aus der deutschen Geschichte sahen. Der Vietnamkrieg und die Stationierung von Atomwaffen in Westdeutschland bestärkten weite Teile der westdeutschen Bevölkerung in ihrer pazifistischen Grundhaltung. Sie führten zugleich zu einem zunehmenden Antiamerikanismus.

Nach der deutschen Einheit verstärkte sich diese Einstellung. Die Weltsicht der Ostdeutschen war nicht nur durch ihre schlechten Erfahrungen mit der sowjetischen Militärherrschaft geprägt. Sie brachten auch eine besondere Skepsis gegenüber den USA und den von Washington geführten Institutionen wie der NATO in das vereinte Deutschland ein. Die DDR-Führung hatte ihre Bürger jahrzehntelang mit Propaganda gegen den »angloamerikanischen Imperialismus« berieselt. Das macht sich bei vielen Ostdeutschen bis heute in einem instinktiven Misstrauen gegenüber der westlichen Vormacht bemerkbar. Es gehört zu den Paradoxien des wiedervereinten Deutschlands, dass in Ostdeutschland der Pazifismus weiter verbreitet ist als im Westen, zugleich aber ein überproportional großer Anteil der Bundeswehrsoldaten aus den neuen Ländern stammt. Die Erklärung liegt auf der Hand: Die Armee bietet Arbeitsplätze, wo es sonst keine gibt. Merkwürdig bleibt es trotzdem.

So verbreitet der Pazifismus bei den Deutschen in West und Ost ist, noch keine Bundesregierung hat sich ihn zu eigen gemacht, weder die erste sozialliberale Koalition unter Willy Brandt noch das rot-grüne Bündnis von Gerhard Schröder. Und kein Bundeskanzler, auch nicht Schröder, hat jemals wirklich die Rolle der USA als Schutzmacht Deutschlands und Europas in Frage gestellt.

Ältere Westdeutsche und vor allem Westberliner wissen noch sehr genau, was die USA nach 1945 geleistet haben, um dem zerstörten und demoralisierten Land wieder auf die Beine zu helfen. Sie ermöglichten es auch der jungen Bundesrepublik, wieder einen Platz in der Völkergemeinschaft zu finden. Mit der Gründung der Nordatlantischen Allianz im Jahr 1949 schufen die USA das Gerüst einer besonderen transatlantischen Beziehung. Washington leistete zudem Geburtshilfe bei der Gründung der europäischen Wirtschaftsgemeinschaft mit der Bundesrepublik als Gründungsmitglied.

Schon 1949, nur vier Jahre nach Kriegsende, begann die Debatte über die Wiederbewaffnung der Bundesrepublik. In jenem Jahr stimmte der Bundestag zwar noch gegen die Wiederaufstellung deutscher Streitkräfte, doch schon bald führten der Koreakrieg sowie die Verschärfung des Ost-West-Konflikts zu einem Umdenken. Westdeutschland verhandelte zunächst mit Frankreich über die Gründung einer Europäischen Verteidigungsgemeinschaft; als dieses Projekt aber am Widerstand Frankreichs scheiterte, trat die Bundesrepublik am 6. Mai 1955 der NATO bei. Einen Tag zuvor wurde die Bundeswehr gegründet, im Juni das Bundesministerium der Verteidigung.

Die Einbindung in die euroatlantischen Strukturen und der Kalte Krieg bestimmten in jenen Jahren die deutschen Interessen. Die Bundesrepublik ordnete sich den USA und der NATO unter. Eigene Militäreinsätze waren undenkbar. Für die Ausarbeitung einer deutschen außen- und sicherheitspolitischen Strategie mit nationalen Interessen bestand weder Raum noch Notwendigkeit. Dies hatte den negativen Effekt, dass auch kaum darüber diskutiert wurde, welche Interessen Deutschland überhaupt haben könnte. Unter dem Mangel an Diskussionskultur, der damals begründet wurde, leidet das Land bis heute.

An dieser über Jahrzehnte etablierten Weigerung, strategisch zu denken, änderte sich auch nach dem Fall der Berliner Mauer im November 1989 wenig. Im Nachhinein betrachtet wäre die deutsche Wiedervereinigung ein guter Anlass gewesen, deutsche Interessen ohne historische Zwänge zu diskutieren und die deutsche Außen- und Sicherheitspolitik den neuen Gegebenheiten anzupassen. Doch in den 1990er Jahren stand die Bewältigung der politischen und wirtschaftlichen Folgen der deutschen Wiedervereinigung im Vordergrund.

Als 1991 der Zerfall Jugoslawiens begann, entschied sich die Bundesregierung frühzeitig, das Streben Sloweniens und Kroatiens nach Unabhängigkeit zu unterstützen. Außenminister Hans-Dietrich Genscher sah darin die beste Chance, eine Ausweitung des Bürgerkriegs zu verhindern. Die strategischen Folgen dieser Entscheidung, bei der sich Deutschland gegen seine wichtigsten europäischen Partner Frankreich und Großbritannien stellte, wurden jedoch nicht diskutiert.

Genschers Hoffnung trog; der Jugoslawienkrieg ergriff zuerst Kroatien und dann Bosnien-Herzegowina. Nachdem die internationale Gemeinschaft in Bosnien einen Friedensschluss erzwang, flammten Kämpfe im Kosovo auf. Wie bereits erwähnt, stellten sich daraufhin auch in Deutschland immer mehr Politiker die Frage nach der Verantwortung Deutschlands zur Verhinderung von Gewalt und Völkermord. Die Regierung Kohl blieb allerdings bis zuletzt zurückhaltend. Deutschlands Position änderte sich erst, als Joschka Fischer 1998 Außenminister wurde.

Ohnehin fiel es den Deutschen schwer, sich auf die neuen Gegebenheiten einzustellen. Erst 1994 hatte das Bundesverfassungsgericht die rechtlichen Zweifel an der Zulässigkeit von Auslandseinsätzen der Bundeswehr ausgeräumt. Im

Grundgesetz hatte Artikel 87a die Bundeswehr lediglich auf die Landesverteidigung festgelegt. Das von der SPD und der FDP angestrebte »out-of-area«-Urteil des Bundesverfassungsgerichts vom 12. Juli 1994 markierte das Ende einer jahrelangen Diskussion über die verfassungsrechtlichen Grundlagen für Auslandseinsätze.

Das Bundesverfassungsgericht stellte fest, dass die Bundeswehr im Rahmen von »Systemen gegenseitiger kollektiver Sicherheit« – wozu die UNO und die NATO zählen – eingesetzt werden darf. Der Bundestag muss solchen Einsätzen jedoch grundsätzlich vor Beginn zustimmen; eine Ausnahme kann es nur geben, wenn Gefahr im Verzug ist. Mit dem Parlamentsbeteiligungsgesetz setzte die rot-grüne Bundesregierung 2005 das Karlsruher Urteil um. Neu ist, dass der Bundestag seither auch ein Rückholrecht hat. Er darf Auslandseinsätze abbrechen, wenn sich beispielsweise die Lage im Einsatzgebiet verschärft.

Die Entscheidung der neuen rot-grünen Bundesregierung zur Beteiligung Deutschlands am Kosovokrieg 1999 stellte einen tiefen Einschnitt dar. Radikal war der Wandel vor allem für die Grünen, die sich unter dem Druck von Außenminister Joschka Fischer von ihrer pazifistischen Grundhaltung verabschieden mussten. Aber auch der breiteren deutschen Öffentlichkeit verlangte diese Entscheidung ein Umdenken ab. Und bemerkenswerterweise war es eine Regierung der politischen Linken, die die Debatte über die Verantwortung Deutschlands in der Zeit nach dem Kalten Krieg anstieß, während die Konservativen wenig dazu beitrugen. Fischer führte den Gedanken jedoch nicht weiter aus und drängte auch nicht darauf, eine kohärente nationale Sicherheitsstrategie zu entwickeln.

Erst die Terroranschläge auf die USA vom 11. September 2001 und der darauffolgende Krieg in Afghanistan, an dem sich die Regierung Schröder beteiligte, sowie der Irakkrieg, den sie ablehnte, führten zu einer intensiveren Debatte über die sicherheitspolitischen Interessen Deutschlands. Eine entscheidende Rolle spielte dabei der Sozialdemokrat Peter Struck, der im Juli 2002 zum Verteidigungsminister ernannt worden war. Schon kurz nach Amtsantritt kündigte er eine Neufassung der »Verteidigungspolitischen Richtlinien« an.

Das letzte Mal waren diese Leitlinien 1992 überarbeitet worden, zu einer Zeit also, in der Deutschland seine Rolle in der Welt noch völlig anders verstand. Strucks Ziel war es, die Voraussetzungen zu bestimmen, unter denen sich Deutschland an Kriegseinsätzen beteiligen würde. Die Essenz der neuen Verteidigungsdoktrin fasste der Sozialdemokrat im Dezember 2002 mit einem inzwischen legendär gewordenen Ausspruch zusammen: »Die Sicherheit der Bundesrepublik wird auch am Hindukusch verteidigt.« Deutschland müsse Gefahren dort begegnen, wo sie entstünden. Terroristen könnten die Sicherheit Deutschlands auch aus großer Entfernung beeinträchtigen. Die deutschen Streitkräfte seien nicht mehr nur zur Landesverteidigung da, sondern auch zum Schutz der Bevölkerung und ihrer lebenswichtigen Infrastruktur vor terroristischen und asymmetrischen Bedrohungen.

Es ist das große Verdienst der rot-grünen Bundesregierung, Deutschland für die Beteiligung an Kriegseinsätzen geöffnet und die Debatte über sicherheitspolitische Interessen begonnen zu haben. Damit legte sie die Saat für eine grundsätzliche Diskussion; die Ernte hätte Merkel nach ihrer Amtsübernahme Ende 2005 einfahren können. Doch sie nutzte die Chance nicht. Die Kanzlerin vermied nicht nur jede Grundsatzdiskussion um Deutschlands sicherheitspolitische Interessen. Sie zeigte sich auch äußerst zurückhaltend, wenn es um den wichtigsten und größten Einsatz ging, den die Bundeswehr seit ihrem Bestehen zu bewältigen hatte: die Afghanistan-Mission. Weder in ihrer ersten noch in ihrer zweiten Amtszeit unternahm Merkel je einen ernsthaften Versuch, der deutschen Öffentlichkeit zu erklären, warum sie diesen Einsatz für nötig hält und wie er sich in die deutsche Außen- und Sicherheitspolitik einordnet.

Natürlich verstärkten sich die Zweifel, mit denen die Öffentlichkeit den Einsatz deutscher Soldaten in 5000 Kilometern Entfernung begleitete, durch Merkels Schweigen weiter. Eine Infratest-dimap-Umfrage von Dezember 2009 ergab, dass zu diesem Zeitpunkt bereits zwei Drittel der Deutschen einen möglichst schnellen Abzug aus Afghanistan forderten. Zwei Jahre zuvor waren es erst 54 Prozent gewesen. Die Zahl der Befürworter des deutschen Einsatzes in Afghanistan fiel im selben Zeitraum von 44 auf 27 Prozent. Die große Mehrheit der Deutschen (77 Prozent) äußerte zudem Zweifel, ob die Bundesregierung umfassend und ehrlich über den Bundeswehr-Einsatz in Afghanistan informiert. Und tatsächlich versäumte es die Bundesregierung, der Öffentlichkeit zu erläutern, warum und gegen wen deutsche Soldaten im Afghanistan-Krieg kämpfen sollten.[41]

Kämpfen? Krieg? Während ihrer ersten Amtszeit vermieden sowohl Merkel als auch ihr Verteidigungsminister Franz Josef Jung diese Wörter im Zusammenhang mit Afghanistan auf das Peinlichste. Die ISAF der NATO war zur »Stabilisierung« in Afghanistan, nicht etwa, um Krieg zu führen. Dass die NATO-Truppen aber immer öfter in Kampfhandlungen verwickelt wurden, bei denen auch deutsche Soldaten getötet wurden, ignorierte die Bundesregierung. Anstatt der Öffentlichkeit zu kommunizieren, was in Afghanistan wirklich passierte, hielt Jung hartnäckig an der Bezeichnung »bewaffnete Wiederaufbau-Helfer« fest. Erst 2008 wurde erstmals davon gesprochen, ein Soldat sei im Kampf »gefallen«. Zu diesem Zeitpunkt – sechs Jahre nach Beginn des Afghanistan-Einsatzes – waren bereits 35 deutsche Soldaten bei dem Einsatz ums Leben gekommen. Es war das erste Mal seit dem Zweiten Weltkrieg, dass in einer öffentlichen Debatte der Begriff »gefallen« verwendet wurde.

Das Wort »Krieg« blieb jedoch weiterhin tabu. Jung behauptete im deutschen Fernsehen, in Afghanistan herrsche kein Krieg. »Im Krieg bauen Sie keine Schulen, im Krieg kümmern Sie sich nicht um Wasser- und Energieversorgung, Sie bauen keine Kindergärten und Krankenhäuser, und Sie bilden keine Streitkräfte und Polizisten aus«, sagte er 2009.

Die in Afghanistan eingesetzten deutschen Soldaten waren ganz anderer Meinung. Der Wehrbeauftragte des Deutschen Bundestages, Reinhold Robbe, schilderte deren Verständnis: »Sie empfinden die Situation als kriegsähnlich. Und ich verstehe das völlig. Ich bin kein großer Fan von Wortklaubereien«, sagte er.[42] Die Regierung bekam zunehmend Schwie-

rigkeiten, die offizielle Sprachregelung mit der sich ver-
schlechternden Situation vor Ort in Einklang zu bringen.

Die Nacht vom 3. auf den 4. September 2009 stellte einen
Wendepunkt für das deutsche Engagement in Afghanistan
dar. Der deutsche Oberst Georg Klein hatte Luftunterstüt-
zung von den USA angefordert, nachdem Taliban-Kämpfer
zwei Tanklastwagen entführt hatten. Bei der Bombardie-
rung durch US-Kampfflugzeuge wurden nach Bundeswehr-
Angaben 91 Menschen getötet, unter ihnen auch Frauen und
Kinder, die dabei waren, sich aus den Tanklastwagen Benzin
abzufüllen. Es war der mit Abstand blutigste Zwischenfall,
den die Bundeswehr in ihrer Geschichte zu verantworten
hatte.

Nicht nur die deutsche Öffentlichkeit war entsetzt, auch
die Verbündeten in Afghanistan übten scharfe Kritik an dem
Einsatzbefehl. Klein selbst wurde allerdings von allen straf-
rechtlichen Vorwürfen freigesprochen und nach seiner Rückkehr nach Deutschland sogar zum General befördert. Ihren
Verteidigungsminister hielt Merkel ebenfalls noch ein paar
Wochen im Amt, gerade lange genug, um die Bundestagswahl 2009 zu überstehen. Danach versetzte sie Franz Josef
Jung in das Arbeitsministerium. Als jedoch bekannt wurde,
wie unvollständig Jung die Öffentlichkeit über die Ereignisse
in Kundus informiert hatte, war er auch als Arbeitsminister
nicht mehr zu halten.

Immerhin führte die Tragödie von Kundus dazu, dass es
den Deutschen endlich dämmerte, dass ihre Soldaten in echte Kampfhandlungen verwickelt waren. In Afghanistan war
die Bundeswehr eben nicht nur Teil eines friedenserhalten-

den Einsatzes, wie die Bundesregierung es gerne darstellte. Sie war auch da, um zu töten.

Der neue Verteidigungsminister Karl-Theodor zu Guttenberg hatte sich beim Thema Afghanistan mehr Ehrlichkeit vorgenommen. Er beklagte, dass über die Motive des Einsatzes bislang nicht offen gesprochen worden sei. Er sehe es als seine Pflicht an, den Wählern zu erklären, warum deutsche Soldaten in Afghanistan dienten. Zu Guttenberg war noch keine Woche im Amt, als er ein Tabu brach, das sein Vorgänger Jung vier Jahre lang aufrechterhalten hatte: Im Interview mit der *BILD-Zeitung* sprach der neue Verteidigungsminister davon, dass die Bundeswehr in Afghanistan mit »kriegsähnlichen Zuständen« konfrontiert sei. »Ich selbst verstehe jeden Soldaten, der sagt: In Afghanistan ist Krieg, egal, ob ich nun von ausländischen Streitkräften oder von Taliban-Terroristen angegriffen, verwundet oder getötet werde.« Zu Guttenbergs Äußerungen fanden große Zustimmung bei den Soldaten, dem Bundeswehrverband und sogar den Politikern von SPD und Grünen. Sie alle begrüßten seine Ehrlichkeit. Dass es die rot-grüne Koalition gewesen war, die die Bundeswehr überhaupt erst in diesen Einsatz geschickt hatte, blieb allerdings unerwähnt.

Während ihres dritten Besuchs in Afghanistan im Dezember 2010 sprach schließlich auch Merkel zum ersten Mal davon, dass deutsche Truppen in einen Krieg verwickelt seien. »Wir haben hier nicht nur kriegsähnliche Zustände«, sagte sie gegenüber Soldaten. »Sie sind in Kämpfe verwickelt, wie man sie im Krieg hat. Dies ist für uns eine völlig neue Erfahrung. Wir haben das sonst von unseren Eltern gehört im Zweiten Weltkrieg. Das ist aber eine andere Situation gewesen, weil Deutschland damals Angreifer war.«[43]

Die öffentliche Diskussion über Sinn und Bedeutung des Krieges in Afghanistan war noch nicht abgeschlossen, da ging zu Guttenberg schon das nächste große Thema an. Deutschlands Verbündete, vor allem die USA, hatten seit Langem kritisiert, dass die Bundeswehr noch viel zu sehr in Kategorien des Kalten Krieges operiere. Deswegen stehe nur ein Bruchteil der insgesamt 250 000 deutschen Soldaten für Kampfeinsätze wie in Afghanistan zur Verfügung. Zu Guttenberg machte sich nun diese Kritik zu eigen. Er sagte im Juni 2010, es sei eine »grundsätzlich erkannte Notwendigkeit«, dass sich die Strukturen der Bundeswehr ändern müssten. Dies ergebe sich schon aus dem Auftrag des Finanzministeriums, einen entscheidenden Anteil zum 80-Milliarden-Euro-Sparpaket zu leisten. »Sparen ist ohne Reform nicht denkbar«, erklärte der Verteidigungsminister.

Es gehörte zu seiner Aufgabe, bis September 2010 Vorschläge für eine deutliche Verkleinerung der Bundeswehr zu unterbreiten. Die Zahl der Soldaten sollte von 250 000 auf 210 000 sinken, die der Zivilbeschäftigten von 75 000 auf 50 000. Zudem sollte zu Guttenberg aus seinem Etat auch noch zwei Milliarden Euro bis 2013 einsparen – eine enorme Herausforderung. Welche Kasernen sollten geschlossen werden? Wie würde man die Verkleinerung bewältigen, gleichzeitig aber mehr Truppen für NATO- oder EU-Einsätze bereitstellen? Wie sollte die zentrale Kommandostruktur der Streitkräfte reformiert werden? Das Einzige, wovon zunächst nicht die Rede war, war die Abschaffung der Wehrpflicht, auch wenn zu Guttenberg bereits Zweifel daran streute, dass es diese in zehn Jahren noch geben würde.

Innerhalb weniger Wochen gewann diese Diskussion so sehr an Fahrt, dass die Aussetzung der Wehrpflicht am Ende zur einzigen echten Strukturreform der schwarz-gelben Bundesregierung wurde. Der erste Grund dafür war die FDP. Für die Liberalen stand die Abschaffung der Wehrpflicht seit Langem auf der Agenda. In den Koalitionsverhandlungen mit der Union im Herbst 2009 hatten sie einen wichtigen Zwischenschritt durchgesetzt: die Verkürzung des Wehrdienstes auf ein halbes Jahr. Doch ein nur sechs Monate während Grundwehrdienst macht in einer hoch technisierten Armee keinen Sinn – entsprechend heftig fiel die Kritik der Öffentlichkeit an dem Koalitionsbeschluss aus. Die Diskussion über das Ende der Wehrpflicht war jedoch nicht mehr zu stoppen.

Der zweite Grund war zu Guttenberg selbst. Der Verteidigungsminister, der als Gebirgsjäger gedient hatte und sich als »glühender Anhänger der Wehrpflicht« bezeichnete, hatte in Wahrheit schon lange Zweifel an der Dienstpflicht. Er kam zu der Überzeugung, dass sie sich sowohl aus sicherheitspolitischen als auch aus Gründen der Wehrgerechtigkeit überlebt hatte. Zuletzt wurden nur noch 16 Prozent eines Jahrgangs zur Bundeswehr eingezogen, obwohl theoretisch alle Männer zwischen 18 und 45 Jahren wehrpflichtig waren.

In der Union war es bis zu diesem Moment völlig undenkbar gewesen, dem Ende der Wehrpflicht zuzustimmen. Mit der Unterstützung ehemaliger Generäle argumentierten CDU und CSU, man würde eine Institution zu Grabe tragen, die wichtiger Bestandteil des demokratischen Rechtsstaats sei. Schließlich sei die Wehrpflicht 1956 auch eingeführt worden, um das Militär stärker in die demokratische Gesellschaft einzubinden. Ihre Anhänger stellten gerne den Kontrast zur Reichswehr heraus, einer Berufsarmee, deren zumeist adlige Offiziere die Weimarer Republik ablehnten und den Aufstieg der NSDAP unterstützten.

Zu Guttenberg scheute die Auseinandersetzung nicht. Auf Regionalkonferenzen erläuterte er der Basis seine Argumente, wobei ihm seine Beliebtheit in der Bevölkerung und den Medien äußerst nützlich war. Gleichwohl änderte sich seine Argumentationsstrategie: Standen am Anfang die Sparzwänge im Vordergrund, erklärte er später, die Ziele moderner Sicherheitspolitik seien ohne Wehrpflichtige besser zu erreichen.

Von Merkel erhielt zu Guttenberg nur wenig Unterstützung. In der für sie typischen Art wartete sie ab, wie seine Kampagne verlaufen würde. Erst Ende August 2010 bejahte sie in einem Fernsehinterview vorsichtig ein »Neudenken der Rolle der Wehrpflicht«. Um dem konservativen Lager die Zustimmung zu erleichtern, vereinbarten die Spitzen von CDU und CSU, die Wehrpflicht nicht abzuschaffen, sondern stattdessen von »aussetzen« zu sprechen. Das erleichterte die Wiedereinführung der Wehrpflicht, sollte das im Konflikt- oder Verteidigungsfall notwendig werden.

Am Ende ging alles ziemlich schnell: Auf einer gemeinsamen Pressekonferenz im September 2010 gaben Merkel und CSU-Chef Horst Seehofer die Entscheidung für die Aussetzung der Wehrpflicht bekannt. CDU und CSU befürworteten die Entscheidung auf ihren Parteitagen. Schon zum 1. Januar 2011 wurden die letzten Wehrpflichtigen einberufen. Seit dem 1. Juli 2011 ist die Wehrpflicht in Deutschland ausgesetzt.

»Solange die Wehrpflicht bestand, war es schwierig, eine breite Diskussion über Sicherheit zu führen«, sagte Karl-Heinz Kamp, Forschungsdirektor am NATO Defense College in Rom. »Aber es zeigte sich, dass ein Minister eine Menge verändern kann, wenn er ein Ziel hat und beharrlich und kreativ daran arbeitet. Die Entscheidung, die Wehrpflicht abzuschaffen, war eine außerordentlich positive Entwicklung.«[44]

Wieder einmal bestand für Angela Merkel die große Chance, eine Debatte über die strategischen Ziele der deutschen Sicherheitspolitik zu führen. Eine Berufsarmee ist ein ganz anderes Instrument als eine Wehrpflichtigenarmee. Die Aussetzung des Wehrdienstes hätte zu einer Neubestimmung der Ziele und der Einsatzbedingungen der Bundeswehr führen müssen. Doch Merkel ließ auch diese Gelegenheit verstreichen. Ihr Verteidigungsminister zu Guttenberg hätte vielleicht den Willen zu dieser Diskussion aufgebracht. Doch ausgerechnet jetzt stürzte er über eine Plagiatsaffäre. Nachdem ihm die Universität Bayreuth im Februar 2011 den Doktortitel aberkannt hatte, trat er Anfang März 2011 zurück und schied aus der Politik aus.

Sein Nachfolger wurde Thomas de Maizière, der bis dahin Innenminister gewesen war. Sein Vater war Ende der 1960er Jahre Generalinspektor der Bundeswehr gewesen. De Maizière war der erste Minister seit Struck, der sich ernsthaft darum bemühte, eine Sicherheitsdoktrin für Deutschland zu entwickeln.

Am 27. Mai 2011 veröffentlichte er eine überarbeitete Fassung der »Verteidigungspolitischen Richtlinien«.[45] In dem Dokument analysierte er die Sicherheitslage in Deutschland und Europa und die neuen Bedrohungen, zu denen er den Terrorismus, fragile Staaten, organisierte Kriminalität und Naturkatastrophen zählte. Bei mir hinterließ de Maizières Entwurf einen seltsamen Eindruck: Er las sich beinahe so wie ein Einkaufszettel, auf dem man Dinge nach und nach streicht und zu besorgende Geschenke auflistet für jene, die man in der Vergangenheit vergessen oder verletzt hat. Im ersten Anlauf jedenfalls hatte de Maizière keine sonderlich überzeugende Anleitung dafür geliefert, an welchen friedenserhaltenden Missionen von NATO oder EU sich Deutschland künftig beteiligen wollte.

Viel zu lange hat Deutschland die Auseinandersetzung über seine Sicherheitsinteressen vermieden. Es ist nicht Merkels Art, klar Stellung zu beziehen. Sie zieht es vor, andere die Debatte eröffnen zu lassen, um dann zu sehen, wie diese sich entwickelt. Merkel ist zu sehr ein Machtmensch, um nicht zu erkennen, dass die deutsche Öffentlichkeit vom Thema Militär so wenig wie möglich hören möchte. Der Preis dafür ist allerdings, dass die Deutschen die dringend notwendige Diskussion darüber, welche Interessen ihnen so wichtig sind, dass sie dafür Krieg führen würden, immer weiter vertagen.

Fünf Szenarien sind denkbar, in denen die Bundeswehr unter den heutigen Umständen in den Einsatz geschickt werden könnte, doch keines von ihnen wird in der Öffentlichkeit ernsthaft diskutiert.

■ Da ist zunächst der am wenigsten umstrittene Fall: die Landesverteidigung. Nicht einmal darüber reden die Deutschen; ihnen erscheint der Verteidigungsfall zu unwahrscheinlich, und zugleich wollen sie niemandem böse Absichten unterstellen. Lebhafter wird es, wenn es um die Beistandspflicht für eine befreundete oder verbündete Nation geht. Wir haben aber bereits erörtert, wie sehr die deutsche Öffentlichkeit beispielsweise fürchtet, von Israel in einen Krieg hineingezogen zu werden.

■ Das zweite Szenario wurde vor einigen Jahren schon einmal heftig diskutiert. Der damalige Verteidigungsminister Peter Struck trat eine hitzige Debatte los, als er den deutschen Einsatz in Afghanistan mit terroristischen Bedrohungen rechtfertigte, die sich auch aus der Ferne gegen Deutschland richten könnten. Seit den Tagen Strucks ist das Argument »Deutschland wird auch am Hindukusch verteidigt« allerdings in Vergessenheit geraten. Als Frankreich im Januar 2013 Soldaten nach Mali schickte, um das Land vor der Eroberung durch Islamisten zu bewahren, hätte sich Deutschland ja sonst fragen müssen, ob die Bereitstellung von zwei Transall-Flugzeugen wirklich als angemessen gelten kann. Unter Angela Merkel tut Deutschland wieder so, als würde der Terrorismus die Deutschen nichts angehen.

- An humanitär motivierten Militärmissionen beteiligt sich Merkels Deutschland nicht, das ist seit dem Libyen-Einsatz 2011 klar. Auch das Leiden der Zivilbevölkerung in Syrien hat hier nicht zu einem Umdenken geführt. Die Risiken erscheinen den Deutschen zu groß, die Erfolgsaussichten zu ungewiss. Die letzte Mission mit deutscher Beteiligung, deren Hauptmotiv es war, Zivilisten zu schützen, war der Kosovokrieg. Der Unterschied ist nicht nur, dass das Kosovo in Europa liegt. Wichtiger noch ist, dass die damals regierende rot-grüne Koalition eine wesentlich größere Bereitschaft zur strategischen Neuorientierung zeigte als Merkels Regierung heute.

- Das vierte Szenario, bei dem es um Handelsinteressen geht, gilt den Deutschen als noch viel heikler. Eigentlich müsste es für ein vom Welthandel so abhängiges Land wie Deutschland selbstverständlich sein, darüber nachzudenken, ob wichtige Handelswege notfalls auch militärisch gesichert werden müssen. Als der damalige Bundespräsident Horst Köhler es am 22. Mai 2010 aber wagte, diese Reflexion in einem Interview einzufordern, schlug die Empörung hohe Wellen. Köhler wunderte sich doppelt: darüber, dass die Öffentlichkeit so entsetzt auf etwas reagierte, das er als selbstverständlich betrachtete, und darüber, dass ihn die Kanzlerin in dieser Situation nicht unterstützte. Er zog daraus die Konsequenz und trat zehn Tage später zurück. Die Diskussion erstarb umgehend.

- Ein völliges Tabu ist für die Deutschen bislang die Frage, ob sie militärische Mittel einsetzen würden, um sich den Zugang zu essenziellen Rohstoffen zu sichern. Ein solches Vorgehen halten sie für so unmoralisch, dass sie kein Wort darüber verlieren wollen. Dabei wissen auch die Deutschen, dass ihre Wirtschaft und ihr Wohlbefinden von Rohstoffeinfuhren abhängen. Es ist dem Glück und einer über Jahrzehnte hinweg betriebenen klugen Politik der Diversifizierung von Bezugsquellen geschuldet, dass Deutschland bisher noch nicht gezwungen war, über die Konsequenzen dieser Abhängigkeit ernsthaft nachzudenken. Das hindert die Deutschen allerdings nicht daran, ihren westlichen Verbündeten, vor allem den USA, bei jedem Einsatz zu unterstellen, es gehe ihnen nur um den Zugang zu billigen Rohstoffen.

So findet sich Deutschland heute in der kuriosen Lage, dass Tausende seiner Soldaten in Auslandseinsätzen dienen, Regierung und Öffentlichkeit aber die Diskussion über die politische und strategische Fundierung dieser Einsätze vermeiden. Statt prinzipiell zu erörtern, aus welchen Gründen und für welche Einsätze Deutschland sein Militär braucht, trifft die Regierung Merkel Ad-hoc-Entscheidungen, bei denen sie der Öffentlichkeit den Kontext schuldig bleibt. Das ist nicht nur intern ein Problem, es hat auch Rückwirkungen auf NATO und EU. Weil sie über Deutschlands strategische Überlegungen im Unklaren gelassen werden, fragen die Partnerstaaten, wie es mit Deutschlands Berechenbarkeit und Zuverlässigkeit bestellt ist. Die Weigerung Berlins, am

Libyen-Einsatz der Verbündeten teilzunehmen, war für die USA, Frankreich und Großbritannien an sich schon schwer zu verdauen. Die Tatsache, dass Merkel erst gar nicht versuchte, ihre Entscheidung zu erklären und einzuordnen, vervielfachte den Schaden noch.

Und eine weitere Konsequenz hat Merkels Widerwille, sich auf Diskussionen über das Militär und seine Rolle einzulassen: Deutschland hat die EU-Außenbeauftragte Catherine Ashton davon abgehalten, an einer neuen Sicherheitsstrategie für Europa zu arbeiten. Die letzte derartige Strategie ist inzwischen schon zehn Jahre alt und längst überholt. Angesichts der außergewöhnlichen Veränderungen, die sich im Nahen Osten, in Südostasien und in den Vereinigten Staaten ereignen, ist das, gelinde gesagt, bedauerlich.

Angela Merkel aber interessiert sich nicht für militärische, sondern nur für politische Macht. Sie möchte im September 2013 wiedergewählt werden. Ihr ist bewusst, dass eine Debatte, die unweigerlich die Frage der »hard power« aufwerfen würde, angesichts der starken pazifistischen Strömung in Deutschland bei den Wählern nicht gut ankommen würde. Doch der Preis für ihre Schweigsamkeit ist hoch. Mit jedem Jahr, das sich Deutschland den sicherheitspolitischen Realitäten verweigert, steigt die Gefahr eines bösen Erwachens.

Verschwendetes Potenzial

Das Versagen in der Integrations- und Familienpolitik

Als sich Uljan Zöba Mitte der 1990er Jahre entschied, aus der Ukraine nach Deutschland auszuwandern, wusste er noch nicht, dass sein Examen als Arzt hier wertlos sein würde. In Berlin angekommen, bewarb sich Zöba bei mehreren Arztpraxen. Da jedoch seine ukrainischen Zeugnisse nicht anerkannt wurden, stellte ihn niemand ein. Zöba musste zurück an die Universität, um seinen Abschluss zu wiederholen.

»Was hätte ich sonst machen sollen?«, fragt Zöba. »Nur weil mein Abschluss in Deutschland nicht anerkannt wurde, wollte ich meinen Beruf nicht aufgeben. Ich wollte hier als Arzt arbeiten. Mir blieb nichts anderes übrig, als mehrere Jahre in eine neuerliche Ausbildung zu investieren.«[46]

Zöba finanzierte sich sein Studium selbst, ohne staatliche Unterstützung, und erwarb sich die erforderlichen Qualifikationen. Mit seinem fließenden Russisch, Ukrainisch, Deutsch und Englisch hätte er eigentlich für jede größere Praxis in Berlin ein Gewinn sein müssen. Seine Sprachkenntnisse haben ihm jedoch nichts genutzt. Schließlich entschied er sich, seine eigene Praxis im Osten der Stadt zu eröffnen.

»Es ist, wie es ist«, bemerkt Zöba ziemlich stoisch. »Ich bin überhaupt nicht verbittert. Ich habe nur den Eindruck, dass zu dem Zeitpunkt, als ich nach Deutschland kam, die Behörden nicht das geringste Interesse hatten, die Energie und das Talent der vielen qualifizierten Russen und Ukrainer, die nach Deutschland auswandern wollten, zu nutzen. Das ist sehr schade.«

Warum erzähle ich diese Geschichte? Einwanderungspolitik wirkt weit in die Zukunft eines Landes; sie ist aber auch eng mit der Außenpolitik verknüpft. Einwanderer bringen ihre Sprache und ihre Kultur mit. Wenn sie es schaffen, sich in ihrer neuen Heimat einzuleben, bilden sie eine überaus wertvolle Brücke zu dem Land, das sie verlassen haben. Und wenn es zugleich den Deutschen gelingt, die Zuwanderer mit ihren unterschiedlichen Gewohnheiten und Überzeugungen zu akzeptieren, leisten beide Gruppen nicht nur einen Beitrag zum friedlichen Zusammenleben in Deutschland, sondern auch zur Völkerverständigung.

Mit diesem Integrationsprozess verändert sich aber auch der Begriff dessen, wer oder was deutsch ist. Die Frage nach der Identität der Deutschen hat zur Folge, wie Deutschland seine Rolle in der Welt bestimmt und wie es mit wichtigen Partnern umgeht. Deswegen möchte ich im Folgenden genauer darauf eingehen, wie sich der deutsche Umgang mit Migranten verändert hat. Eng damit verbunden ist die Frage nach der Familienpolitik, denn eine Gesellschaft, die so sehr altert wie die deutsche, ist immer stärker auf eine klug gestaltete Einwanderungspolitik angewiesen.

Im Jahr 2000 lag der Anteil der Zuwanderer an der Gesamtbevölkerung bei knapp neun Prozent; von 82 Millionen Menschen hatten also 7,5 Millionen einen ausländischen Pass. Weitere vier Millionen waren Aussiedler, die seit den 1990er Jahren aus Russland, Polen, Kasachstan und Rumänien nach Deutschland und aufgrund deutscher Wurzeln automatisch in den Besitz der hiesigen Staatsbürgerschaft gekommen waren. Außerdem hatte Deutschland seit dem Ende des Kalten Krieges 220 000 russische Juden aufgenommen, die sich nicht in Israel niederlassen wollten.

Die meisten Migranten waren jedoch in den 1950er und 1960er Jahren, als die deutsche Wirtschaft dringend Arbeitskräfte suchte, als »Gastarbeiter« nach Deutschland gekommen. Im Verlauf der Jahre siedelten auch viele ihrer Angehörigen über. Zu Anfang des neuen Jahrtausends lebten über 40 Prozent der Ausländer schon seit mehr als 15 Jahren in Deutschland, fast zwei Drittel der Kinder mit ausländischem Pass waren hier geboren. Trotzdem gab sich das Land bis zum Ende der Regierungszeit Helmut Kohls der Illusion hin, es handele sich immer noch um »Gastarbeiter«, die eines Tages in ihre Heimat zurückkehren würden. Unter Kohl lehnte die Union jedes Nachdenken über eine Integrationspolitik ab. Diese bemerkenswerte Verleugnung der Wirklichkeit wirkt sich bis heute negativ aus. Sie ist der Ursprung einer unfassbaren Verschwendung von Talenten und Begabungen.

Der Wahlsieg von Rot-Grün im Jahr 1998 bewirkte eine Revolution in der Einwanderungspolitik. In ihrem Koalitionsvertrag bezeichneten Sozialdemokraten und Grüne Deutschland als Einwanderungsland und bekannten sich zur Integration der auf Dauer hier lebenden Zuwanderer. Nach monatelangen Debatten wurde im Juni 1999 eine grundlegende Reform des Staatsangehörigkeitsrechts verabschiedet, deren zentrales Element die Ergänzung des bis dahin geltenden Abstammungsrechts (ius sanguinis) um Elemente des Geburtsrechts (ius soli) war. In Deutschland geborene Kinder ausländischer Eltern erhalten seither die doppelte Staatsbürgerschaft, müssen sich aber im Erwachsenenalter für einen Pass entscheiden. Außerdem können erwachsene Zuwanderer seither nach achtjährigem Aufenthalt, statt nach 15 Jahren, die deutsche Staatsbürgerschaft beantragen.

Nach einer weiteren langen Debatte folgte zum 1. Januar 2005 ein Zuwanderungsgesetz, mit dem das Aufenthaltsrecht vereinfacht und Einwanderer zum Besuch von Integrations- und Sprachkursen verpflichtet wurden. Allerdings versäumte es die Regierung Schröder, die Anerkennung ausländischer Berufsabschlüsse zu erleichtern. Dabei waren viele Aussiedler und Einwanderer sehr gut ausgebildet. Auch zahlreiche Frauen besaßen Abschlüsse in naturwissenschaftlichen oder technischen Fächern, weil in der früheren Sowjetunion und Teilen Osteuropas Frauen diese Laufbahnen genauso offenstanden wie den Männern.

»Wir reden hier von Ingenieuren, Wissenschaftlern, Technikern und Ärzten. Hier bot sich Deutschland eine Riesenchance«, beschreibt es Dagmar Maur, Integrationsexpertin der Otto Benecke Stiftung[47], die junge Einwanderer bei der Eingliederung in die deutsche Gesellschaft unterstützt.

Auch Mona Granato vom Bundesinstitut für Berufsbildung kritisiert die oft unüberwindbaren bürokratischen Hürden bei der Anerkennung wissenschaftlicher Qualifikationen. Gegenwärtig leben rund eine halbe Million Einwanderer in Deutschland, deren ausländische Hochschulausbildung nicht anerkannt wurde.[48]

Erst 2012 verabschiedete Merkels schwarz-gelbe Koalition unter dem Druck der händeringend nach Fachkräften suchenden Wirtschaft ein Anerkennungsgesetz für ausländische Qualifikationen. Auf dem Papier stellt es eine enorme Verbesserung für Ärzte, Apotheker und Anwälte dar, hierzulande ihre Berufe leichter ausüben zu können. Doch auch nach diesem neuen Gesetz werden ausländische Qualifikationen nicht überall automatisch anerkannt. Aufgrund der föderalen Struktur gibt es zudem keine zentrale Behörde für die Bewertung nicht deutscher Berufsabschlüsse.

»Wir haben hier eine Situation, in der 16 Bundesländer ihre eigenen Bildungssysteme haben, oft mit unterschiedlichen Standards oder Anforderungen. Sie können sich nicht vorstellen, wie demoralisierend diese Situation für qualifizierte junge Einwanderer war und noch immer ist«, sagt Granato.

Die Folgen reichen bis in die zweite und dritte Generation von Migranten. Bei Aussiedlern stellen Soziologen fest, dass viele der hoch qualifizierten Frauen resigniert haben. Sie gaben die Hoffnungen auf ein erfolgreiches eigenes Berufsleben auf und konzentrierten sich nur noch darauf, ihren Kindern eine gute Ausbildung zu ermöglichen, damit diese bessere Chancen auf dem Arbeitsmarkt haben würden. Doch in vielen Fällen gelang das nicht. Viele Töchter ließen sich von der Erfahrung entmutigen, dass die Qualifikation ihrer Mütter in Deutschland nichts wert war. »Sie fragten sich, welchen Sinn es machte, Ingenieurwesen oder Naturwissenschaften zu studieren, wenn man, wie ihre Mütter, doch keinen Job fand«, sagt Granato. »Schließlich fanden und finden sich viele dieser jungen qualifizierten Frauen im Dienstleistungssektor wieder. Das nennt man Dequalifizierung. Ihr Potenzial wird nicht genutzt.«

Die Situation der dritten Generation türkischer Einwanderer ist noch stärker von Benachteiligungen geprägt. 2007 veröffentlichte die SPD-nahe Friedrich-Ebert-Stiftung eine Studie, die zeigte, dass die schwierige Lage auf dem Ausbildungsstellenmarkt Bewerber mit Migrationshintergrund besonders hart trifft. Von 182 000 Jugendlichen mit ausländischen Wurzeln, die eine Lehrstelle suchten, begannen im Jahr 2006 nur 52 500 eine Lehre. Das bedeutet, dass von den Jugendlichen mit Migrationshintergrund nur 29 Prozent eine Lehrstelle fanden, während es bei den deutschstämmigen Bewerbern 40 Prozent waren. Inzwischen hat der demografische Wandel in Deutschland zwar dazu geführt, dass Betriebe händeringend nach Auszubildenden suchen. Damit haben sich auch die Chancen der Kinder von Migranten verbessert, eine Lehrstelle zu finden. Beim Wettbewerb um die attraktivsten Ausbildungsplätze gehen sie aber immer noch viel zu häufig leer aus.

Noch schwieriger ist die Lage für Einwanderer der dritten Generation, wenn sie akademische Berufe ergreifen wollen. Für Deutschtürken ist es noch immer schwierig, Praktika und Ausbildungsstellen zu bekommen. 2010 wies das Forschungsinstitut zur Zukunft der Arbeit (IZA) mit Hilfe fiktiver Online-Bewerbungen nach, dass Bewerber mit dem Vornamen Tobias und Dennis weitaus häufiger Zusagen für ein Praktikum bekamen als solche, die sich Serkan oder Fatih nannten.[49] »Firmenchefs entscheiden sich für Deutsche«, sagt Manuela Westphal, Professorin für Sozialisation mit Schwerpunkt Migration und interkulturelle Bildung an der Universität Kassel. Manager begründen dies sogar manchmal damit, dass ihre Kunden lieber mit Deutschen zu tun hätten.

Nach einer Untersuchung von Steffen Kröhnert, Sozialwissenschaftler am Berlin-Institut für Bevölkerung und Entwicklung, hat mittlerweile jeder fünfte Einwohner Deutschlands einen Migrationshintergrund. Für sie sei die Wahrscheinlichkeit, arbeitslos und auf staatliche Unterstützung angewiesen zu sein, doppelt so hoch wie für Deutsche. Die Statistiken der Bundesagentur für Arbeit zeichnen ein noch dramatischeres Bild, auch wenn dort nur nach Deutschen und Ausländern unterschieden wird, eingebürgerte Migranten also nicht gesondert erfasst werden. Im Februar 2013 betrug demnach die Arbeitslosenquote bei Deutschen 5,6 Prozent. Bei Ausländern waren es 14,7 Prozent.[50] Während der letzten Jahre hat sich diese Schere noch vergrößert. Das deutet darauf hin, dass der Aufschwung am Arbeitsmarkt an den ausländischen Bürgern vorbeigeht. Die Gründe dafür sind mangelnde Deutschkenntnisse, eine ungenügende Aus- und Fortbildung sowie das Fehlen einer aktiven Integrationspolitik.

Bildungsforscher hatten schon in den 1980er Jahren darauf hingewiesen, dass sich die schlechten Schulleistungen von Kindern aus Einwandererfamilien negativ auf deren Zukunft auswirken würden. Sie warnten bereits damals vor den Konsequenzen für den Arbeitsmarkt und die Integration. Doch erst musste die politische Fiktion von der Heimkehr der Gastarbeiter überwunden werden, bevor die Politik damit begann, darüber nachzudenken, wie Einwanderung zu einem Gewinn für die Gesellschaft gemacht werden kann.

Während der gesamten Regierungszeit Angela Merkels wurde intensiv darüber nachgedacht, wie die Deutschkenntnisse von Migrantenkindern verbessert werden können, um ihnen bessere Bildungschancen zu ermöglichen. Eine Konsequenz daraus sind die speziellen Sprachförderprogramme im Kindergarten, die mehrere Bundesländer für Kinder aufgelegt haben, die zu Hause nicht Deutsch sprechen.

Diese intensiveren Bemühungen schlagen sich erst ganz allmählich in einer Verbesserung der sozialen Situation der jüngeren Migranten nieder. Zwar weisen Studien darauf hin, dass inzwischen mehr Jugendliche aus Migrantenfamilien einen höheren Bildungsgrad erreichen, doch gegenüber ihren deutschstämmigen Altersgenossen ist der Rückstand immer noch gewaltig. Die Zahl deutscher Schüler mit Abitur ist in den letzten Jahren von 26 auf 32 Prozent gestiegen, gleichzeitig nahm der Anteil von Schülern mit ausländischem Hintergrund, die Abitur machen, von zehn auf zwölf Prozent zu.

Diese Entwicklungen sind positiv. Doch die Diskrepanz bei den Bildungschancen ist noch immer ungeheuerlich. Nur drei Prozent der Studenten haben einen Migrationshintergrund. Auch die öffentliche Hand hat viel zu wenig getan, um hier positive Vorbilder zu schaffen. Fast jeder fünfte Deutsche hat inzwischen ausländische Wurzeln – insgesamt

16 Millionen Menschen –, doch stellen sie nur drei Prozent der Lehrer, Polizisten oder Beamten in den Verwaltungen. Das ist eine niederschmetternde Statistik, zeigt sie doch, dass Migranten gerade in jenen Berufen kaum vertreten sind, die eine besonders wichtige Funktion für die Integration haben.

Unzulängliche Bildung und Integration bedeuten eine Verschwendung von Talenten, die sich Deutschland immer weniger leisten kann. Die Industrie warnt die Regierung Merkel schon seit Jahren, dass Deutschland ein akuter Fachkräftemangel bevorsteht. Wie lange kann das beeindruckende Wirtschaftswachstum des Landes ohne eine ausreichende Reserve an qualifizierten Arbeitskräften anhalten? »Hier wird unglaublich viel an Potenzial und Ressourcen verschwendet«, sagt Granato vom Bundesinstitut für Berufsbildung. »Aus irgendeinem Grund wollen die Regierungsvertreter nicht erkennen, dass die Talente längst hier sind.« Es könnte schon zu spät sein, das Potenzial jener, die in den 1990er Jahren nach Deutschland gekommen waren, jetzt noch zu nutzen. Sie haben entweder umgeschult, andere Jobs gefunden oder einfach aufgegeben.

Ich kenne einige russische Absolventen, die fließend Deutsch und Englisch sprechen, aber dennoch auf dem Arbeitsmarkt schlechte Erfahrungen gemacht haben. Im Vergleich zu dem, was Israel in den 1990er Jahren unternahm, um von dem großen Zustrom russischer Juden so schnell und so gründlich wie möglich zu profitieren, schneidet Deutschland schlecht ab. Ich habe viele Hightech-Firmengründungen in Israel besucht, die nur deswegen Erfolg hatten, weil sie auf in Russland ausgebildete Wissenschaftler, Ingenieure und Informatiker zurückgreifen konnten, die dank intensiver staatlicher Sprachförderung schnellstens Hebräisch sprachen und sich im Geschäftsleben zurechtfanden.

Hierzulande wurde in den 1990er Jahren eine große Chance vertan, das Potenzial der Einwanderer zur Entfaltung zu bringen. Wenn Deutschland es jetzt besser machen will, muss es sich auf die dritte und bald vierte Generation von Türken sowie die zweite Generation von Russen fokussieren. Die Regierung Merkel muss außerdem endlich damit beginnen, eine zielstrebige Einwanderungspolitik zu betreiben. Dies würde nicht nur helfen, den bereits erwähnten Fachkräftemangel zu lindern, sondern auch der gravierenden demografischen Krise entgegenwirken. Wenn diese nicht bewältigt wird, wird die deutsche Wirtschaft schlichtweg nicht mehr genügend qualifizierte Arbeitskräfte haben, um ihren Wettbewerbsvorteil zu erhalten. Es macht keinen Sinn, über den Fachkräftemangel zu diskutieren, ohne auch über Einwanderung, Integration, Demografie und Ausbildung zu sprechen.

Das Institut der deutschen Wirtschaft Köln hat ausgerechnet, wie groß 2012 die Lücke im »MINT«-Bereich war: Schon damals fehlten rund 210 000 Mathematiker, Informatiker, Naturwissenschaftler sowie Techniker und Klinikärzte.[51] »Der Fachkräftemarkt in Deutschland ist leergefegt«, kommentiert Dieter Bräuninger, Arbeitsmarktexperte bei der Deutschen Bank Research.[52] Dies wurde vor allem in den wirtschaftlich florierenden Jahren 2011 und 2012 deutlich. Arbeitsmarktexperten, Industrielobbyisten sowie die Maschinenbauverbände befürchten, dass sich die Lage rasch weiter verschlechtern wird. Es ist bekannt, dass in den nächsten Jahren 40 000 Ingenieure pro Jahr in Rente gehen werden.[53] Das wäre nicht so schlimm, wenn sie durch genügend junge Absolventen oder Auszubildende ersetzt werden könnten. »Wenn in der kommenden Dekade die geburtenstarken Jahrgänge aus dem Erwerbsleben ausscheiden, wird das heimische Kräfteangebot weiter einknicken«, sagt Bräuninger. »Wenn Deutschland weiterhin in der zunehmend von aufstrebenden Schwellenländern geprägten ersten Liga der Weltwirtschaft mitspielen will, muss es zukünftig mehr denn je mit Innovationen punkten. Entsprechend groß wird der Bedarf an Wissenschaftlern, Ingenieuren, Technikern und anderen gut qualifizierten Kräften sein. Ebenso liegt auf der Hand, dass in der alternden Gesellschaft die Nachfrage nach Ärzten und Pflegepersonal zunehmen wird.«

Im Jahr 2000 unternahm die Regierung Schröder den ersten Versuch, dem Fachkräftemangel durch gezielte Einwanderungspolitik entgegenzuwirken. Die anfangs heftig umstrittene Green Card gab ausländischen IT-Spezialisten die Möglichkeit, eine auf höchstens fünf Jahre befristete Aufenthaltsgenehmigung für Deutschland zu erhalten. Voraussetzung war, dass der Interessent eine Arbeit vorweisen konnte, bei der er mindestens 51 000 Euro im Jahr verdiente. Diese Schwelle war für die Arbeitgeber allerdings sehr hoch. Das von der Regierung Schröder fixierte Kontingent von 20 000 Arbeitserlaubnissen wurde nur zur Hälfte ausgeschöpft. Einigermaßen konsterniert stellte die Öffentlichkeit fest, dass Deutschland doch nicht überall als das gelobte Land angesehen wurde.

Tatsächlich gibt es weltweit einen scharfen Wettbewerb um hoch qualifizierte Fachkräfte. Die Deutschen mussten feststellen, dass beispielsweise die USA solchen Spezialisten erheblich bessere Bedingungen für den Familiennachzug und die Einbürgerung boten. Auch das damalige politische Klima machte Deutschland in den Augen hoch qualifizierter Arbeitskräfte aus dem Ausland nicht gerade attraktiv. Wer wollte schon in einem Land leben, in dem fast täglich Ausländer beschimpft und überfallen werden? Zumal, wenn dort führende Politiker wie Jürgen Rüttgers von der CDU im Jahr 2000 mit dem Slogan »Kinder statt Inder« Wahlkampf machten?

Sicherlich führte auch der Zusammenbruch der New Economy ab 2002 dazu, dass die Nachfrage nach IT-Experten abnahm und sogar die ersten Green-Card-Besitzer arbeitslos wurden. Anstatt nachzubessern, ließ die rot-grüne Bundesregierung das System der Green Cards Ende 2004 auslaufen. In dem 2005 in Kraft getretenen Zuwanderungsgesetz wurde jedoch geregelt, dass IT-Fachkräfte weiterhin privilegiert nach Deutschland einwandern konnten.

Im Jahr 2009 erließ die EU eine Richtlinie zur Blauen Karte, die mit dem Gesetz zur Umsetzung der Hochqualifizierten-Richtlinie der EU zum 1. August 2012 in deutsches Recht umgesetzt wurde. Wie in jedem anderen EU-Staat können qualifizierte Arbeitskräfte nun auch in Deutschland bis zu vier Jahre lang leben und arbeiten. Die einzige Voraussetzung ist, dass sie eine Anstellung mit einem Jahresgehalt von mindestens 44 800 Euro nachweisen können. Für Berufe, in denen Fachkräfte gesucht werden, also vor allem Naturwis-

senschaftler, Mathematiker, Ingenieure, Ärzte und IT-Spezialisten, reicht ein jährliches Einkommen von 34944 Euro.
Auch auf diese Initiative ist das Echo bisher eher verhalten.
Im verbleibenden Jahr 2012 wurden lediglich 193 Blaue Kar-
ten vergeben, davon 112 an Ausländer, die bereits vor 2012
nach Deutschland eingereist waren.

Interessanter ist die Zuwanderung von südeuropäischen
Fachkräften im Zuge der Euro-Krise. Mittlerweile sind bereits
Tausende junger spanischer und griechischer Universitäts-
absolventen in der Hoffnung nach Deutschland gekommen,
hier Arbeit zu finden. In ihren Herkunftsländern ist fast die
Hälfte aller jungen Leute unter 25 Jahren arbeitslos. So hoch-
willkommen sie aus deutscher Sicht sind: Eines Tages, wenn
sich die Volkswirtschaften in den Krisenstaaten der Eurozone erholt haben, werden diese Fachleute dort schmerzlich
fehlen.

Auf das größte demografische Problem in Deutschland, die
äußerst niedrige Geburtenrate, hat die Zuwanderung keinen maßgeblichen Einfluss. Mit Ausnahme Frankreichs bekommen überall in Europa immer weniger Frauen immer
weniger Kinder und sind bei Geburt ihrer Kinder älter als
früher. Nach Angaben des Berliner Demografie Forums ist
die deutsche Geburtenrate inzwischen um ein Drittel niedri-
ger, als es zur Aufrechterhaltung der aktuellen Bevölkerungs-
stärke erforderlich wäre.[54] Im Jahr 2010 bekamen Frauen in
Deutschland durchschnittlich 1,39 Kinder, weit weniger als
die 2,1 Kinder, die für eine stabile Bevölkerungszahl notwendig wären. Ohne genügend Arbeitskräfte zu haben, die die

Renten- und Gesundheitssysteme finanzieren, wird es für Deutschland ungeheuer schwierig werden, der schnell wachsenden Zahl der Alten ein Leben in Würde zu sichern.

Das Statistische Bundesamt hat hierzu 2009 eine der faszinierendsten Studien publiziert, die ich je gelesen habe. Sie prognostiziert die Bevölkerungsentwicklung bis ins Jahr 2060 und analysiert die Folgen für die Größe und Altersstruktur der deutschen Bevölkerung. Jeder Bundestagsabgeordnete sollte verpflichtet sein, die Ergebnisse dieser Studie zu lesen. Ich möchte diese Gelegenheit nutzen, die Kernaussagen in Erinnerung zu rufen[55]:

- ■ *Die Lebenserwartung wird steigen.*
  Es ist davon auszugehen, dass im Jahr 2060 die Lebenserwartung der Männer in Deutschland auf 85,0 Jahre und die der Frauen auf 89,2 Jahre steigen wird. Das ist ein Zuwachs von 7,8 bzw. 6,8 Jahren. Wer 65 Jahre alt ist, kann damit rechnen, noch weitere 22,3 (Männer) beziehungsweise 24,4 Jahre (Frauen) zu leben. Das sind jeweils rund fünf Jahre mehr als bisher.

- ■ *Die Bevölkerung im Erwerbsalter wird immer mehr Alte zu versorgen haben.*
  Im Jahr 2008 entfielen auf 100 Personen im Erwerbsalter zwischen 20 und 65 Jahren 34 Senioren. Bis Ende der 2030er Jahre wird dieser sogenannte Altenquotient um über 80 Prozent ansteigen. 2060 werden dann 100 Personen im Erwerbsalter bis zu 67 Rentenbezieher gegenüberstehen. Auch bei einer Heraufsetzung des Renteneintritts-

alters auf 67 Jahre wird der Altenquotient im Jahr 2060 deutlich höher sein als heute.

- *Die Bevölkerung im Erwerbsalter (von 20 bis 65 Jahren) wird deutlich altern und schließlich schrumpfen.*
  Heute gehören knapp 50 Millionen Menschen in Deutschland dieser Altersgruppe an. Ihre Zahl wird erst ab 2020 deutlich zurückgehen und bis 2060 auf etwa 36 Millionen fallen. Voraussetzung ist, dass jedes Jahr 200 000 Menschen mehr nach Deutschland einwandern, als das Land verlassen. Fällt die Nettozuwanderung nur halb so hoch aus, gibt es 2060 ein noch kleineres Erwerbspersonenpotenzial: knapp 33 Millionen. Das ist ein Drittel weniger als heute.

- *Deutschlands Bevölkerung nimmt seit 2003 ab. Dieser Rückgang wird sich verstärken.*
  Ende 2008 lebten circa 82 Millionen Menschen in Deutschland, 2060 werden es zwischen 65 Millionen und 70 Millionen sein, je nachdem, ob die jährliche Nettozuwanderung 100 000 oder 200 000 beträgt. Auch nach der Maximal-Variante – sie unterstellt eine steigende Geburtenrate, einen hohen Anstieg der Lebenserwartung und einen jährlichen Wanderungssaldo von 200 000 Personen – werden 2060 in Deutschland weniger Menschen als heute leben, nämlich schätzungsweise 77 Millionen.

Die Konsequenz aus diesem Bericht liegt auf der Hand: Wenn Deutschland nicht sehenden Auges in gewaltige soziale Probleme hineinrutschen will, braucht es sowohl eine höhere Zuwanderung – und zwar nicht zu knapp – als auch eine steigende Geburtenrate. Mit dem Thema Migration haben wir uns bereits befasst. Aber was kann eine Regierung dazu beitragen, dass die Menschen mehr Kinder bekommen?

Werfen wir einen Blick auf die Familienpolitik, die in Deutschland durch eine Vielzahl an großzügigen finanziellen Leistungen geprägt ist, deren Nutzen von Experten jedoch bezweifelt wird. Die Große Koalition führte das Elterngeld ein, um die finanziellen Einbußen abzumildern, die dadurch entstehen, dass Mütter den Arbeitsmarkt vorübergehend verlassen. Vor allem Akademikerinnen sollte die Entscheidung erleichtert werden, Kinder zu bekommen.

Das Elterngeld war ein Durchbruch für die Modernisierung der Gesellschaft, auch weil die »Vatermonate« dazu führten, dass es für Männer gesellschaftsfähig wurde, sich um ihre neugeborenen Kinder zu kümmern. Vor allem jüngere Christdemokraten begrüßten diese Maßnahme der Regierung Merkel nachdrücklich. Ihr Ziel ist eine Partei, die flexibler, moderner und besser auf das heutige Familienleben ausgerichtet ist. Der gewünschte demografische Effekt blieb jedoch bislang aus: Kurz nach der Einführung dieser Unterstützung gab es zwar einen kleinen positiven Effekt auf die Geburtenrate, doch dann sank diese wieder.

Als Nächstes führte die Große Koalition 2008 den Rechtsanspruch auf einen Betreuungsplatz für Einjährige ab dem 1. August 2013 ein, um Müttern einen raschen Wiedereinstieg in den Beruf zu ermöglichen und ihnen somit die Entscheidung für Kinder zu erleichtern. Ob die Kommunen wirklich in der Lage sein werden, genügend Krippenplätze zur Verfügung zu stellen, ist noch unklar. Sicher ist, dass Bund, Länder und Gemeinden große Anstrengungen unternommen haben, um Berufs- und Familienalltag kompatibler zu machen. Die Zeit, in der Schulen und Kindergärten vor allem in Westdeutschland häufig schon zur Mittagszeit schlossen, weil es selbstverständlich war, dass die Mütter zu Hause waren und sich um ihre Kinder kümmerten, ist vorbei.

Aber immer mehr deutschen Frauen ist vor allem eines wichtig: Sie wollen, dass ihre Stellung in der deutschen Gesellschaft nicht auf ein bestimmtes Rollenbild festgelegt ist, dass das moderne Deutschland es ihnen ermöglicht, Arbeit und Karriere mit der Kindererziehung zu vereinbaren. Das ist nie einfach, egal, in welchem Land man lebt.

Die frühere Familien- und derzeitige Arbeitsministerin Ursula von der Leyen setzt sich stark für die Besserstellung von Frauen in der Arbeitswelt ein. Sie beklagt, dass der Anteil von Frauen in Vorständen und Aufsichtsräten in Deutschland seit Jahren nahezu unverändert gering ist. Um eine gesetzliche Frauenquote abzuwenden, hatten sich die DAX-Firmen selbst verpflichtet, den Anteil von weiblichen Führungskräften bis zum Jahr 2020 auf 35 Prozent zu erhöhen. Ein äußerst ambitioniertes Ziel, bedenkt man, dass es die großen Unternehmen in den vergangenen Jahrzehnten gerade einmal auf einen Frauenanteil von 3,7 Prozent in den Vorständen geschafft haben. Eine Auswertung der Hans-Böckler-Stiftung ergab, dass ein Drittel der 160 Unternehmen in den DAX-Indizes der Deutschen Börse noch keine einzige Frau in seinen Führungsgremien hat, weder im Vorstand noch im

Aufsichtsrat. Von der Leyen bezeichnete diesen Anteil als »einfach unterirdisch«. Sie gab sich überzeugt, dass nur ein Gesetz dies ändern werde; das hätten die Erfahrungen der vergangenen Jahre gezeigt. Darüber hinaus muss ein Gesetz auch Sanktionen definieren, wenn die Vorgaben nicht eingehalten werden.

Die Koalition ist von der Leyen in dieser Frage bislang nicht gefolgt. Die Christdemokraten misstrauen ihren Ansichten zur Modernisierung der Partei; deutsche Industrieverbände machen sich über die Quote lustig. Merkel kritisiert den geringen Anteil von Frauen in Führungspositionen zwar auch, doch von einer gesetzlichen Frauenquote will sie nichts wissen. Sie wies von der Leyen sogar an, im Ministerrat in Brüssel einen EU-Vorschlag für eine verbindliche Frauenquote in den Aufsichtsräten abzulehnen.

Ohnehin rückt Merkel umso mehr von dem gesellschaftlichen Modernisierungskurs ab, den von der Leyen vertritt, je näher die Bundestagswahl 2013 rückt. Wider eigene Überzeugung stimmte Merkel dem Betreuungsgeld für Eltern zu, die ihre ein- bis dreijährigen Kinder nicht in staatliche Betreuungseinrichtungen schicken, sondern zu Hause erziehen. Ihr wichtigstes Motiv war dabei die Wahrung des Koalitionsfriedens – die CSU hatte die Durchsetzung des Betreuungsgeldes zur Chefsache gemacht. Ich habe aber auch die Vermutung, dass sich die Regierung Merkel vom Betreuungsgeld erhofft, die Nachfrage nach Kita-Plätzen für unter Dreijährige zu dämpfen. Mit 150 Euro monatlich sollen Frauen ermuntert werden, andere Betreuungsmöglichkeiten für ihre Kinder zu finden als in den allzu knappen öffentlichen Einrichtungen.

Allerdings bezweifele ich, dass diese Rechnung aufgehen wird. Gemeinsam mit den Kommunen sollte die Bundesregierung ihre Anstrengungen stattdessen viel stärker auf den Ausbau von Kindertagesstätten und Hortplätzen richten.

Schließlich erstaunt, dass die Regierung nicht erkennen will, wie kontraproduktiv das Betreuungsgeld für die Integration von Migranten ist. Einer Studie der Bertelsmann Stiftung zufolge erhöht sich für Kinder mit Migrationshintergrund, die eine Kita oder einen Kindergarten besuchen, die Wahrscheinlichkeit, aufs Gymnasium zu gehen, um 55 Prozent! Es ist allein der Erwerb der deutschen Sprache, der dies ermöglicht.[56]

Bedenkt man, dass 60 Prozent der Türken nicht in Deutschland geboren wurden, sondern durch Familienzusammenführung nach Deutschland gekommen sind und somit nicht von klein auf Kontakt zur deutschen Sprache und Kultur hatten, kann es gar nicht anders sein, als dass ihre Kinder im Nachteil sind, wenn sie keine Betreuungseinrichtungen besuchen. Und wieder einmal wird man im Nachhinein beklagen, welches Potenzial auf diese Weise vergeudet wurde.

Einwanderungs- und Familienpolitik sind keine Bereiche, in denen es um Macht geht. Es sind aber sehr wohl Themen, bei denen es um Chancen und Möglichkeiten geht. Angela Merkel ist eine viel zu intelligente Frau, als dass sie nicht genau erkannt hätte, wie blind sich Deutschland in der Regierungszeit von Helmut Kohl für die demografischen Realitäten zeigte und wie hoch die Kosten dieser Verweigerungshaltung noch heute sind. Auf kaum einem anderen Gebiet müssen die Menschen, die Verantwortung für das Gemeinwesen tragen, so langfristig denken, als wenn es um Demografie und Einwanderung geht. Merkel, die Wissenschaftlerin, weiß das. Merkel, die Machtpolitikerin, ignoriert es, und zwar umso mehr, je näher die Bundestagswahl rückt.

Kehrtwende in der Energiepolitik

Die Macht der Monopolisten und der Kampf um Glaubwürdigkeit

Das ist genau die Art von Nachricht, die Angela Merkel nicht hören wollte.

Die Aluminiumhütte Voerdal am Niederrhein mit über 400 Beschäftigten meldete im Mai 2012 Insolvenz an. Ohne finanzielle Hilfe wäre ihr Ende besiegelt. Die Firma war wegen Schwierigkeiten im Konzern, vor allem aber wegen des weltweiten Preisverfalls bei Aluminium und den um 40 Prozent gestiegenen Energiekosten in Not geraten. Die Herstellung von Aluminium ist extrem energieaufwendig, weshalb die höheren Strompreise die Firma ins Mark trafen.

Voerdal konnte am Ende mit staatlicher Hilfe für die Branche und dank eines neuen Investors gerettet werden. Aber das Thema Strompreis für Wirtschaft und Verbraucher in Deutschland bleibt explosiv. Im Vorfeld der Bundestagswahl 2013 muss Merkel deswegen auf der Hut sein. »Hohe Energiepreise sind die Achillesferse der Regierung«, sagte der Bonner

Politikwissenschaftler Tilman Mayer.[57] »Merkels CDU ist sich im Klaren, dass die Energiepreise ihre Popularität beschädigen. Die Kanzlerin muss ihren Wählern versichern, dass ihre Energiepolitik richtig ist«, fügte er hinzu.

Auch Regierungschefs anderer Länder sind sich der politischen Auswirkungen hoher Energiekosten bewusst. Obama hat aus diesem Grund alles darangesetzt, Israel von der Konfrontation mit Iran abzuhalten. Ein Krieg im Nahen Osten hätte die Energiepreise mitten in seiner Wiederwahlkampagne in die Höhe getrieben. Auch Merkel fürchtet, dass die radikale Energiewende, die sie nach der nuklearen Katastrophe von Fukushima im März 2011 eingeleitet hat, sie bei der Bundestagswahl teuer zu stehen kommen könnte. In diesem Kapitel werde ich darstellen, wie die Kanzlerin vorging – zunächst, um die Laufzeit der Atomkraftwerke zu verlängern, dann, um die Energiewende durchzusetzen, und schließlich, um die Folgen dieser Entscheidung für Wirtschaft und Verbraucher abzumildern.

Die Energiewende lässt uns Merkel von einer ungewohnten, weil nahezu spontanen Seite erleben. Zugleich stellt das Thema Energiepolitik ein wichtiges Puzzlestück für meine Betrachtung von Deutschlands Rolle in der Welt dar. Gelingt Merkels Energiewende, wird sie Deutschland von einer gewaltigen und gefährlichen Importabhängigkeit befreien und das Land zum Vorläufer einer weltweiten Transformation machen. Misslingt sie, droht der Wettbewerbsfähigkeit der deutschen Wirtschaft ein niederschmetternder Rückschlag.

Ich beginne meine Betrachtung im September 2010, als Angela Merkels schwarz-gelbe Koalition die erste energiepolitische Kehrtwende einleitete und die Laufzeiten der 17 deutschen Atomkraftwerke um durchschnittlich zwölf Jahre verlängerte. Union und FDP erfüllten damit eines ihrer wichtigsten Versprechen aus dem Wahlkampf 2009. In kaum einer anderen Frage stand Rechts so klar gegen Links, Schwarz-Gelb gegen Rot-Grün. Der »Ausstieg aus dem Ausstieg« erhitzte auf beiden Seiten die Gemüter.

Es war Gerhard Schröders rot-grüne Bundesregierung gewesen, die 2000 den Ausstieg aus der Kernenergie bis 2021 erzwungen hatte. Nach äußerst turbulenten Verhandlungen hatten Schröder und sein Umweltminister Jürgen Trittin den deutschen Kraftwerksbetreibern einen Vertrag abgerungen, der nach und nach die Stilllegung aller Atomkraftwerke vorsah. Die ältesten zwei Meiler wurden bereits 2003 und 2005 geschlossen. Weitere vier Atomkraftwerke hätten aller Voraussicht nach 2010 oder 2011 vom Netz gehen müssen, wenn Schwarz-Gelb nicht die Wahl gewonnen und das Ruder herumgerissen hätte.

Alles, was »Atom« im Namen trägt, beschwört in Deutschland mächtige Feindbilder und Ängste herauf. Das Wort ruft die Erinnerung an den Abwurf der ersten Atombomben über Hiroshima und Nagasaki herauf, die Angst vor einem nuklearen Schlagabtausch im Kalten Krieg und – sicherlich am prägendsten – die Nuklearkatastrophe von Tschernobyl. Jener 26. April 1986, an dem Block 4 des Reaktors in Tschernobyl explodierte und eine radioaktive Wolke bis nach Westeuropa zog, hat sich tief in das Gedächtnis der Deutschen eingegraben.

Und nun entschied sich Merkel im Herbst 2010 für eine Verlängerung der Kraftwerkslaufzeiten um durchschnittlich zwölf Jahre. Was für ein politisches Vabanquespiel, und was für eine Kehrtwende! Was ging hier um Himmels willen vor? Merkel ist niemand, der vorschnell Entscheidungen fällt. Als sie sich für die Laufzeitverlängerung der Atomkraftwerke aussprach, war dies das Ergebnis jahrelanger Überlegungen und eines intensiven Lobbyings der Industrie und der Energiekonzerne. Während der gesamten Zeit hielt Merkel ihren Finger in die Luft, um festzustellen, woher der politische Wind weht.

Während der Großen Koalition war es klar, dass die SPD es auf keinen Fall zulassen würde, den rot-grünen Beschluss zum Atomausstieg anzutasten. Erst in der Koalition mit der FDP ergab sich die Möglichkeit dazu. In ihrem Koalitionsvertrag legten sich CDU, CSU und FDP gemeinsam auf eine Laufzeitverlängerung für die deutschen Kernkraftwerke fest.

Trotzdem hatte Merkel es nicht eilig, eine Entscheidung herbeizuführen. Wie sich herausstellte, waren sich die Koalitionäre im Detail keineswegs einig. Umweltminister Norbert Röttgen (CDU) war gegen eine zu großzügige Verlängerung der Laufzeiten, während Wirtschaftsminister Rainer Brüderle eine möglichst weitreichende Entscheidung wollte. Die großen Stromkonzerne nutzten diese Gelegenheit und versuchten ebenfalls, auf Merkel einzuwirken. Jedes Jahr Laufzeitverlängerung bedeutet für sie einen Milliardengewinn. Die Kanzlerin, typisch Merkel, wartete ab, dass sich ein Konsens ohne ihr Zutun herausbildete.

Ihr Verhältnis zur Energiewirtschaft war bereits aufgrund

ihrer Klimapolitik gespannt, einem Thema, das in der Bevölkerung, nicht aber in Wirtschaftskreisen populär war. Während eines Treffens im Kanzleramt im Juli 2007 hatte Merkel die Chefs der Energiekonzerne aufgefordert, ihre Ziele zu unterstützen: Reduzierung der Treibhausgase um 40 Prozent bis zum Jahr 2020, Erhöhung der Energieeffizienz um jährlich drei Prozent, Ausbau der erneuerbaren Energien. Dies war ambitioniert, doch Merkel schien entschlossen, diese Ziele umzusetzen. Die Industrie sperrte sich. Der Vorstandsvorsitzende des Chemie-Riesen BASF, Jürgen Hambrecht, warf Merkel vor, Deutschland »deindustrialisieren« zu wollen.

Sich mit Deutschlands einflussreichster Branche anzulegen, war noch nie leicht. Seit der Nachkriegszeit übten die Energiekonzerne, damals noch in staatlichem Besitz, enormen Einfluss aus. Der Leiter des Fachbereichs Bauen, Energie, Umwelt bei dem Verbraucherzentrale Bundesverband, Holger Krawinkel, erklärt es so: »Wir sprechen hier über eine jahrzehntelange Beziehung zwischen der Politik und den Unternehmen. Wir sprechen über Oligopole. In der Vergangenheit waren diese Unternehmen die Riesen des staatlich geführten Wirtschaftssystems. Sie sind nun privatisiert, aber ihr politischer Einfluss ist immer noch gewaltig. Die politische Arena haben sie nie verlassen.«

Neben ihrer Kritik an den klimapolitischen Zielen der Bundesregierung versuchten die Energiekonzerne immer wieder, Merkel zu überzeugen, die Entscheidung der rot-grünen Regierung rückgängig zu machen. Immerhin stammte zu diesem Zeitpunkt rund ein Viertel des Strombedarfs aus Kernenergie. Erst nach langem Zögern gab Merkel ihrem

Druck im September 2010 schließlich nach und willigte ein, die Laufzeiten der Kernkraftwerke zu verlängern.

Die Energiekonzerne hatten mit ganzseitigen Anzeigen in den überregionalen Tageszeitungen die skeptische Bevölkerung davon zu überzeugen versucht, dass die Verlängerung der Laufzeiten für Deutschlands Energiesicherheit unverzichtbar sei. Ohne Nuklearenergie müsste Deutschland auch sein Ziel verfehlen, bis zum Jahr 2050 die CO_2-Emissionen bis um 80 Prozent gegenüber 1990 zu senken.

Auch wenn renommierte Umweltforschungsinstitute widersprachen[58], Merkel machte sich dieses Argument gern zu eigen, um ihren Beschluss zur Laufzeitverlängerung zu rechtfertigen. Sie fügte hinzu, dass die Energiekonzerne eine Sondersteuer würden abführen müssen, die mindestens teilweise dazu verwendet werden sollten, erneuerbare Energien auszubauen. Deutschland könne es sich nicht leisten, auf Kernenergie zu verzichten, weil das derzeitige Angebot an erneuerbarer Energie nicht ausreiche, diese zu ersetzen. »Wir brauchen die Kernenergie (…) als Brückentechnologie«, sagte Merkel und fügte hinzu, dass das »Konzept nicht mehr und nicht weniger als eine Revolution im Bereich der Energieversorgung« sei. Sie behauptete, dass die deutsche Energieversorgung »die effizienteste und auch die umweltverträglichste sein wird – weltweit«.[59]

Die Laufzeiten der älteren Kernkraftwerke wurden um acht Jahre verlängert. Neuere Kernkraftwerke erhielten eine Verlängerung um 14 Jahre. Deutschland würde somit noch drei Jahrzehnte lang Elektrizität nutzen, die durch Atomkraft erzeugt wird.[60] Die Betreiber der Atomkraftwerke – RWE, E.ON,

Vattenfall und EnBW – waren hocherfreut. Im Gegenzug zu der Laufzeitverlängerung sollten sie lediglich eine Kernbrennstoffsteuer mit einem Gesamtaufkommen von knapp 15 Milliarden Euro entrichten. Wie dieses Geld investiert werden würde, blieb zunächst unklar. Schon damals warnten Analysten, die Stromnetze müssten ausgebaut werden, um auf längere Sicht die Umstellung auf erneuerbare Energien zu bewältigen. »Wenn sich die Regierung für erneuerbare Energien starkmacht, müssen die Energiekonzerne mehr Netze errichten, um die steigende Verbrauchernachfrage erfüllen zu können«, sagte Claudia Kemfert, Professorin für Energieökonomie und Nachhaltigkeit an der Hertie School.[61] Selbst wenn man sich darauf einigen könnte, würde es Jahre dauern, die erforderlichen Genehmigungen für den Bau neuer Netze zu erhalten, fügte sie hinzu. Heute, drei Jahre später, ist offenkundig, wie recht Kemfert mit dieser Einschätzung hatte.

Merkel befand sich mit ihrer Entscheidung im Trend. Auch in anderen europäischen Ländern war das Interesse an Atomenergie wiedererwacht, so zum Beispiel in Italien und in Schweden. Im Jahr 2011 revidierten auch diese Länder ihre Beschlüsse zum Ausstieg aus der Nuklearenergie, nicht nur aus energiepolitischen Erwägungen, sondern auch, um den Klimawandel zu bekämpfen.

Der Bau von Atomkraftwerken ist im Vergleich zu Kohle- oder Gaskraftwerken sehr teuer. Wenn sie jedoch einmal laufen, sind ihre Unterhaltungskosten relativ gering, was die hohen Gewinne dieser Branche erklärt. Nach Berechnungen des Deutschen Instituts für Wirtschaftsforschung (DIW) führt jedes zusätzliche Jahr Laufzeit zu einer Erhöhung der Reingewinne aller deutschen Atomenergiekonzerne um insgesamt 6,4 Milliarden Euro.

Die Märkte reagierten positiv, die Opposition tobte. SPD-Chef Gabriel kündigte an, die Sozialdemokraten würden das neue Gesetz umgehend kassieren, wenn sie die Bundestagswahl im Jahr 2013 gewinnen würden.

So lange musste Gabriel gar nicht warten. Nur ein halbes Jahr nach Merkels Entscheidung für die Laufzeitverlängerung kam es auf der anderen Seite der Welt zu einem gefährlichen nuklearen Störfall. Am 11. März 2011 zerstörte ein Tsunami große Teile der japanischen Ostküste. Die Flutwelle traf auch das Kernkraftwerk Fukushima und verursachte eine dreifache Kernschmelze. Große Mengen an radioaktiven Strahlen – rund 20 Prozent der radioaktiven Emissionen von Tschernobyl – wurden freigesetzt. 150 000 Einwohner mussten ihre Häuser vorübergehend oder dauerhaft verlassen.

In Deutschland führte die Katastrophe von Fukushima zu einer heftigen neuen Debatte über Kernenergie und die Laufzeitverlängerung für die deutschen Kraftwerke. Nur drei Tage nach den ersten, furchtbaren Schlagzeilen über das Unglück trat Merkel an die Öffentlichkeit. Es war ein Moment, von dem erfahrene politische Beobachter sagen, er war für Merkel so untypisch, dass sie bis heute nicht verstehen, was in der Kanzlerin vorgegangen ist. Sicher ist, dass Merkel dieses Mal nicht zögerte und abwartete, wie sich die öffentliche Meinung entwickelte. Sie überraschte alle – am allermeisten ihre eigene Partei – mit einer Entscheidung von solch einer Radikalität, wie man sie von ihr nie erwartet hätte.

Denn das, was Merkel verkündete, bedeutete letztendlich das Aus für die Kernkraft in Deutschland. Alle 17 deutschen Kernkraftwerke sollten innerhalb von drei Monaten einer gründlichen Sicherheitsüberprüfung unterzogen werden; die sieben ältesten Meiler sollten vorläufig ganz abgeschaltet werden. »Meine Sichtweise auf die Kernenergie hat sich durch die Ereignisse in Japan verändert«, sagte Merkel. »Wir haben die Aussage getroffen und das wird jetzt auch umgesetzt, dass die Sicherheit der Kernkraftwerke überprüft wird im Lichte der neuen Erfahrungen, die wir aus Japan gewinnen. Die Zeit nach dem Moratorium wird eine andere sein als vor dem Moratorium. Und deshalb wird es jetzt darum gehen, die entsprechenden Konsequenzen aus den Ereignissen in Japan für die Frage der Nutzung der Kernenergie in Deutschland zu ziehen. Das Ganze muss eingebettet sein in ein Gesamtenergiekonzept.«[62]

Die Kommentatoren des politischen Magazins *Cicero* bezeichneten diesen Moment als die »wohl spektakulärste politische Wende in der Geschichte der Bundesrepublik«. Nie zuvor seit 1949 habe eine Partei so schnell einen wichtigen Teil ihres »Markenkerns« geopfert. Nie zuvor habe sie ihre Stammwähler so verunsichert. Und nie zuvor habe eine Bundesregierung so schnell eine politische Entscheidung mit so weitreichenden Konsequenzen beschlossen.[63]

Was mögen Merkels Gründe gewesen sein? Selbst hat sie nie darüber gesprochen. Vielleicht begann Merkel aufgrund ihrer Ausbildung als Physikerin, nach dieser Katastrophe daran zu zweifeln, ob die Atomtechnologie für den Menschen überhaupt beherrschbar ist. Man wird dieser machtbewussten Politikerin aber auch kein Unrecht tun, wenn man daran erinnert, dass kurz nach den Ereignissen in Fukushima, nämlich am 27. März 2011, in Baden-Württemberg und Rheinland-Pfalz neue Landtage gewählt werden sollten. Merkel wusste natürlich, dass nach dem Unfall in Fukushima eine deutliche Mehrheit der Deutschen die Kernkraft ablehnte. Nach einer Umfrage von Gallup International vom 29. März 2011 ging der Anteil der Kernkraftbefürworter in Deutschland von 34 auf 26 Prozent zurück, während der Anteil der Gegner von 64 auf 72 Prozent anstieg.

Doch Merkels Wendemanöver half nichts. Beide Landtagswahlen gingen für die CDU verloren. Besonders bitter für die CDU war der Ausgang der Wahl in Baden-Württemberg, wo sie nach 58 Jahren an der Regierung von den Grünen abgelöst wurde. Was für eine Schmach! Zum ersten Mal stellten die Grünen, und noch dazu in einem der wohlhabendsten Bundesländer, den Ministerpräsidenten.

Tatsächlich ergaben Analysen des Meinungsforschungsinstitutes Forsa, dass das Atom-Moratorium der Union nicht genützt, sondern sogar geschadet hatte. Deren Stammwähler, die eher zu den Atombefürwortern zählen, seien über die abrupte Kehrtwende irritiert gewesen. Auch Merkels Image litt. Nur noch jeder Zweite schätzte sie als glaubwürdig ein.

Trotzdem hielt Merkel diesmal an ihrem Kurs fest. Ende Mai entschieden die Umweltminister von Bund und Ländern, die sieben vorerst abgeschalteten Kernkraftwerke sowie das Kernkraftwerk Krümmel dauerhaft vom Netz zu nehmen. Anfang Juni bestätigte das Bundeskabinett das endgültige Aus für diese acht Kraftwerke. Trotz wütender Proteste der

Stromkonzerne beschloss die Bundesregierung, auch die übrigen neun Meiler bis spätestens 2022 vom Netz zu nehmen. Damit wurden die im Herbst 2010 beschlossenen Laufzeitverlängerungen zurückgenommen. Mit einem zusätzlichen Jahr Laufzeit war die Kernenergie in Deutschland fast wieder im Zeitplan der rot-grünen Regierung angekommen. Das Gesetz trat im August 2011 in Kraft. Von der Bevölkerung wurde der Atomausstieg mit großer Mehrheit begrüßt.

Zur Überraschung der Kernkraftbefürworter verkraftete Deutschland die Abschaltung der Atomkraftwerke relativ mühelos. Die düsteren Prophezeiungen der Industrie traten nicht ein; es kam zu keinen Engpässen. Der Grund war, dass die erneuerbaren Energien ihre Produktion deutlich steigerten. Im Jahr 2011 deckten sie 20 Prozent des deutschen Strombedarfs, 2012 waren es schon 23 Prozent, vor allem durch Windenergie (acht Prozent), Biomasse (sechs Prozent) und Fotovoltaik (fünf Prozent).[64] Trotz der Kältewelle in Europa im Winter 2011/2012 produzierte Deutschland so viel Strom aus erneuerbaren Quellen, dass es einen Teil exportieren konnte.

Dieser schnelle Anstieg der erneuerbaren Energien löste ein großes Problem. Deutschland verkraftete das Abschalten der Atomkraftwerke vergleichsweise leicht. Auch die restlichen Meiler werden vermutlich nach und nach vom Netz genommen werden können, ohne dass es zu Engpässen in der Stromproduktion kommt. Die Kritiker des Atomausstiegs, die behauptet hatten, Deutschland werde Atomstrom aus dem Ausland importieren müssen, um die Lücke zu schließen, werden vermutlich nicht recht behalten.

Genau dieser Erfolg schafft aber neue Probleme. Allzu großzügige staatliche Vorgaben für die Erzeugung von Ökostrom produzieren eine Kostenlawine, die die Wettbewerbsfähigkeit der Wirtschaft untergräbt, die Kaufkraft der Verbraucher schwächt und ein gewaltiges Maß an politischer Unzufriedenheit schafft. Im Februar 2013 bezifferte Umweltminister Peter Altmaier die Gesamtkosten der Energiewende bis zum Jahr 2040 auf die wahrlich atemberaubende Summe von einer Billion Euro.[65]

Bei dieser Zahl mag politische Kalkulation dabei sein – Altmaier nutzte das Interview auch, um für seine Sparvorschläge zu werben. Aber es ist eine Tatsache, dass die erneuerbaren Energien für Deutschland extrem teuer sind. Da ist zunächst die Kostenexplosion in der Stromerzeugung selbst. Seit 1991 ist die Einspeisung von Strom aus erneuerbaren Energien in Deutschland gesetzlich geregelt. Seither wurde das Gesetz mehrmals überarbeitet, ohne allerdings das Grundprinzip zu verändern: Aus klima- und energiepolitischen Gründen sollten für private Investoren Anreize geschaffen werden, Strom aus Wind, Sonne, Biomasse oder Wasser herzustellen. Das geschieht, indem für Ökostrom eine deutlich über dem Marktpreis liegende Vergütung für einen Zeitraum von 20 Jahren garantiert wird.

Dank der Renditen von sieben, acht oder gar neun Prozent im Jahr florierten die Investitionen in Windräder und Sonnenkollektoren. Ja, sie florierten so sehr, dass die Ziele der Bundesregierung für den Anteil der erneuerbaren Energien am Strommix bei Weitem übertroffen wurden. Den Verbraucher kam dieser unerwartete Erfolg teuer zu stehen.

Das Erneuerbare-Energien-Gesetz sieht nämlich vor, dass die Netzbetreiber die hohen Einspeisevergütungen an die Endverbraucher weitergeben können. Dadurch ersparte sich der Bund, den Ausbau der erneuerbaren Energien aus der eigenen Kasse subventionieren zu müssen.

Die Beratungsfirma McKinsey warnte im Mai 2012, die Kosten für Unternehmen und Privathaushalte würden von derzeit 13,5 Milliarden Euro jährlich auf 21,5 Milliarden Euro im Jahr 2020 steigen.[66] Den Löwenanteil davon müssen Haushalte, Gewerbe, Handel und Dienstleistungen sowie die Industrie bezahlen; sehr energieintensive Branchen wie die Aluminiumherstellung wurden von der Bundesregierung von den Zahlungen ausgenommen.

Hinzu kommt ein immenser Investitionsbedarf für das Stromnetz, das bisher nicht auf die Einspeisung von unregelmäßig anfallender Energie ausgelegt ist. Tage mit viel Wind und Sonne führen dazu, dass das Stromangebot sprungartig steigt, weil die Netzbetreiber gesetzlich verpflichtet sind, erneuerbare Energie in unbegrenzter Höhe abzunehmen. Zugleich sinkt an Feiertagen der Stromverbrauch, weil in den Fabriken die Maschinen stillstehen. Fällt beides zusammen, kommt das Stromnetz gewaltig unter Druck.

An manchen Tagen stand das ostdeutsche Hochspannungsnetz offenbar schon dicht vor dem Zusammenbruch. So viel Naturstrom wie in Ostdeutschland gibt es sonst nirgends in der Welt: Zwölf Gigawatt ostdeutsche Ökoenergie entspricht der Leistung von zwölf kleineren Atomkraftwerken.[67] Die Leitungskapazität reicht einfach nicht aus, um diese Mengen von Elektrizität nach Westdeutschland zu transportieren, wo sie verbraucht werden kann. So kommt es, dass an manchen Tagen ein negativer Preis für Strom gezahlt wird: Die Netzbetreiber müssen so dringend überschüssige Elektrizität loswerden, um die Netze zu stabilisieren, dass sie Verbrauchern eine Prämie zahlen!

Der Investitionsbedarf für Netze und Stromspeicher ist gewaltig. Eine Studie im Auftrag des Bundesumweltministeriums ergab, dass jährlich mindestens fünf Milliarden Euro für den Ausbau der Übertragungs- und Verteilungsnetze benötigt werden.[68] Einer Studie der Deutschen Bank Research zufolge beläuft sich zudem der Investitionsbedarf für neue Energiespeicher in Deutschland in den kommenden zwei Jahrzehnten auf rund 30 Milliarden Euro.[69]

Das schlecht geordnete Nebeneinander von staatlicher Regulierung und privatwirtschaftlichen Anreizen führt nicht nur dazu, dass die deutschen Verbraucher in den letzten Jahren Strompreissteigerungen von bis zu 20 Prozent pro Jahr zu verkraften hatten. Es kam auch zu der absurden Situation, dass zwar immer mehr Sonnenkollektoren auf Deutschlands Dächer gebaut wurden, die einst führende heimische Fotovoltaik-Industrie aber nahezu flächendeckend bankrott ging.

Denn Deutschland subventionierte per Einspeisevergütung zwar die Herstellung von Solarstrom, überließ die Entscheidungen über den Bau der Anlagen aber privaten Investoren. Diesen Markt eroberte China, indem es Sonnenkollektoren zu Dumping-Preisen anbot. Namhafte Unternehmen wie Odersun AG, SunConcept und First Solar wurden abgewickelt, andere Firmen wie Q-Cells, Scheuten Solar oder Solon nach einer drastischen Schrumpfkur an ausländische Investoren verkauft. Deutschland, einst Weltmarktführer im Bereich Fotovoltaik, gab eine gesamte Branche kampflos auf.

Natürlich erkennt Merkel mit ihrer über Jahrzehnte geschulten politischen Nase die Gefahren, die diese Fehlentwicklungen für sie bergen. Sie weiß, dass nicht nur die deutsche Öffentlichkeit, sondern auch ihre Parteifreunde – zumal jene, die an der Kernkraft festhalten wollten – die Energiewende als ihr wichtigstes innenpolitisches Projekt sehen. Erfolg oder Misslingen fällt in diesem Fall unmittelbar und persönlich auf sie selbst zurück.

Dies erklärt, warum sie im Frühjahr 2012 die Reißleine zog und den von ihr einst hoch geschätzten Norbert Röttgen als Umweltminister ablösen ließ. Den unmittelbaren Anlass dazu lieferte Röttgen selbst mit der niederschmetternden Niederlage als Spitzenkandidat der CDU bei der Landtagswahl in Nordrhein-Westfalen am 13. Mai. Merkel hätte ihn dennoch in seinem Berliner Amt halten könnten. Doch sie traute Röttgen die Bewältigung der Energiewende nicht mehr zu. Statt seiner wurde nun Peter Altmaier Umweltminister, ein sehr enger Vertrauter und kluger strategischer Kopf, von dem Merkel glaubte, er könnte es möglich machen, die Energiewende in den verbleibenden 16 Monaten bis zur Bundestagswahl auf die richtige Schiene zu setzen. Röttgen, ein Mann, der einst als künftiger Bundeskanzler gehandelt worden war, verschwand in der politischen Versenkung. Wieder einmal war ein möglicher Rivale Merkels gescheitert.

Mit seiner ersten großen Initiative ließ sich der neue Umweltminister relativ viel Zeit; seine ersten Monate im Amt verbrachte Altmaier mit Gesprächsrunden und Informationsbesuchen. Erst im Januar 2013 legte er einen Vorschlag für eine Strompreisbremse vor, mit der die Ökostrom-Umlage in den Jahren 2013 und 2014 auf ihrer jetzigen Höhe eingefroren werden soll. Es sei nicht vertretbar, so Altmaier, dass das Kostenrisiko einseitig und ausschließlich beim Stromkunden liege. Auch die Betreiber von Ökostrom-Anlagen und die Industrie müssten stärker an den Kosten der Energiewende beteiligt werden.

Mit der Strompreisbremse machte Altmaier seinem Ruf als gewiefter Taktiker alle Ehre. Mit einzelnen Elementen des Paketes kam er der Opposition so weit entgegen, dass es dieser im Wahljahr nicht leichtfallen wird, sich diesem Vorstoß komplett zu verweigern. Sollte sie es am Ende doch tun, hätte es die Bundesregierung bei den Wählern leicht, ihr die Schuld an den weiter steigenden Elektrizitätspreisen zuzuschieben.

Und noch einen Vorteil hatte Altmaiers Vorgehen: Ganz bewusst hatte er Wirtschaftsminister und FDP-Vorsitzenden Philipp Rösler bei der Vorbereitung seiner Vorschläge nicht mit einbezogen. In der deutschen Öffentlichkeit, bei der Rösler einen ziemlich schlechten Ruf hat, kam das gut an. Und nebenbei stellte Altmaier damit auch klar, dass die Union den Liberalen im Bundestagswahlkampf keine Geschenke machen wird. Ich denke, dass Altmaiers geschickter Schachzug mit der Strompreisbremse dazu führen wird, dass die Energiepolitik nicht zu einem der ganz großen Themen dieses Wahlkampfes wird. Merkel dürfte mit ihrer Personalentscheidung sehr zufrieden sein.

Ob die Energiewende selbst ein Erfolg wird oder nicht – eine Konsequenz ist bereits absehbar: Die großen deutschen Stromkonzerne, die Wirtschaft und Politik dieses Landes so lange geprägt haben, sind dabei, einen großen Teil ihres Einflusses zu verlieren.

Wie eng die Beziehungen zwischen Stromwirtschaft und Politik in der alten Bundesrepublik stets waren, habe ich bereits erwähnt. Energiekonzerne und Stadtwerke boten ausgedienten oder abgewählten Politikern eine Fülle von Beschäftigungsmöglichkeiten. Noch zu Schröders Zeiten wechselte eine ganze Reihe führender Politiker, unter ihnen der parteilose Ex-Wirtschaftsminister Werner Müller, auf hochrangige Posten in der Energiebranche. Schröder selbst wurde nach seinem Ausscheiden aus dem Amt bei Gazprom tätig.

Merkels Wahl bedeutete hier einen Bruch. Für diese Kanzlerin wäre es ganz und gar undenkbar, sich auf eine solche Nähe zu einer Branche einzulassen. Sonderlich herzlich war ihr Verhältnis zu den Energieriesen ohnehin nie. Spätestens seit ihrer Entscheidung, den Atomausstieg voranzutreiben, gelten die Beziehungen als gespannt.

Noch erzeugen E.ON, RWE, EnBW und Vattenfall zusammen über 70 Prozent des Stroms in Deutschland. Durch ihre Beteiligungen an Stadtwerken, Elektrizitäts- und Gasnetzen sind sie auch darüber hinaus immer noch einflussreich. Allein im Erdgasbereich bedienen E.ON und sein Konkurrent Wintershall, eine Tochter des Chemiekonzerns BASF, zusammen 60 Prozent der deutschen Nachfrage. Doch die Liberalisierung und Dezentralisierung des Energiesektors wird die Position der großen Konzerne auf längere Sicht erheblich schwächen.

Diese Entwicklung wird beschleunigt durch finanzielle Schwierigkeiten. Merkels Entscheidung zum Atomausstieg 2011 kostete die großen Energieversorger viel Geld. Sie selbst errechneten einen Gesamtbetrag von 15 Milliarden Euro, um Schadenersatzklagen gegen die Bundesregierung zu rechtfertigen. Dies ist vermutlich zu hoch gegriffen, zumal die Stromkonzerne sich nach dem rot-grünen Atomkonsens aus dem Jahr 2000 ohnehin auf einen Ausstieg aus dieser Technologie hätten einstellen müssen. Doch Merkels Kehrtwende traf die Unternehmen in einem Augenblick, in dem sie ohnehin schon geschwächt waren.

Der Grund dafür sind die dramatischen Veränderungen in der Energieversorgung der USA, die in einer bemerkenswerten Kettenreaktion bis auf den deutschen Markt durchschlagen. Mitte der 2000er Jahre hatten die USA damit begonnen, ihre riesigen Schiefergasvorkommen auszubeuten. Beim »Fracking« werden hochgiftige Chemikalien tief unter der Erde eingesetzt, um das Gas herauszupressen. Auch wenn Umweltexperten vor möglichen Folgen warnen, stößt diese Technik inzwischen auch in Europa auf großes Interesse.[70] In den USA führte das »Fracking« dazu, dass die Erdgasproduktion zwischen 2006 und 2011 um 20 Prozent zunahm und die Preise für Verbraucher und Industrie deutlich sanken.

Der Preisverfall für Erdgas in den USA hatte eine weitere Konsequenz: Auf einmal lohnte es sich nicht mehr, verflüssigtes Erdgas (Liquefied Natural Gas, kurz: LNG) aus Katar, Indonesien oder Australien nach Amerika zu exportieren.

Die LNG-Tanker nahmen stattdessen Kurs auf Europa, wo der Preis für Erdgas traditionell an den Ölpreis gekoppelt war. Diese Bindung zerbrach nun, denn während der Ölpreis immer weiter anzog, verbilligte sich Erdgas aufgrund der neuen Angebotsmengen.[71] Kleinere Anbieter, die nach der Liberalisierung des Gasmarktes auch Haushalte beliefern durften, konnten sich zu günstigen Preisen eindecken. Die großen Energiekonzerne, die langfristige Lieferverträge zu Fixpreisen mit der russischen Erdgasindustrie abgeschlossen hatten, gerieten unter Druck. Sie konnten ihre Einkaufspreise nicht mehr an die Verbraucher weiterreichen, mussten aber selbst für das Gas noch die alten, hohen Preise bezahlen. So gewaltig sind die Fehlbeträge, dass sich die einst unantastbaren Stromkonzerne zu Umstrukturierungen und Personalabbau gezwungen sehen.

Für Deutschland liegen in dieser Situation große Chancen. Nicht nur, weil hier eine durchaus ungesunde korporatistische Tradition endet. Viel wichtiger sind die Folgen der Energiewende und der Nutzbarmachung des Schiefergases für die Gesamtposition Deutschlands in der Welt. Dies ist ein Land, das nur noch sehr geringe eigene Rohstoff- und Energievorkommen hat. Die Importabhängigkeit bei Primärenergieträgern – Kohle, Gas, Öl und Uran – ist allein seit 1990 von 57 Prozent auf 73 Prozent gestiegen. Der Aufschwung der erneuerbaren Energien bietet nun erstmals perspektivisch eine Chance, diese Importabhängigkeit zu senken. Das hat inzwischen auch Russland begriffen, das Merkels Atomausstieg zunächst als große Chance gesehen hatte, mehr Öl und Gas nach Deutschland zu verkaufen.

Hinzu kommen nun noch die neuen Gasfördertechnologien, die den globalen Energiemarkt gründlich durcheinanderschütteln. »Fracking« kann Länder zu Gasanbietern machen, die sich das nie hätten träumen lassen. Es führt auch dazu, dass traditionelle Gasexporteure wie Russland unter Preisdruck geraten. Für die deutsche Wirtschaft ist das ein Geschenk des Himmels – aber nur unter einer Bedingung: In einer Zeit, in der sich die Energiekosten in den USA und anderswo spürbar verringern, darf in Deutschland der Strompreis nicht so stark steigen, dass sich der Standort selbst aus dem Markt preist. Sollte Merkel im Herbst 2013 wiedergewählt werden, wird es eine ihrer dringendsten Aufgaben sein, dies sicherzustellen.

Kann das gelingen? »It's not over until the fat lady sings«, sagt man auf Englisch, wenn ungewiss ist, wie eine Sache ausgeht, und man fürchten muss, dass das dicke Ende noch kommt. Der frühere Bundeskanzler Gerhard Schröder benutzte dafür die Wendung »Hinten ist die Ente fett« (übrigens sagte er das auch einmal gegenüber US-Präsident George W. Bush, was selbst die erfahrene Dolmetscherin des Kanzleramtes ins Schwitzen brachte). Aber zurück zu unserer Frage: Wird die Energiewende ein Erfolg? Ich weiß es nicht. Aber ich weiß, dass schon der Versuch zu dieser Energiewende Deutschland so stark und so nachhaltig verändert hat wie kaum eine andere politische Initiative der letzten 20 Jahre. Es ist wirklich bemerkenswert, dass Angela Merkel, die Vorsichtige, die Abwägende, sich auf dieses immense Wagnis eingelassen hat.

Moralapostel und Wirtschaftsprofiteur

Der Konflikt zwischen Interessen und Werten

Jede Regierung der Welt weiß um das Spannungsverhältnis zwischen Werten und wirtschaftlichen Interessen. Für westliche Demokratien wie Deutschland, die der Achtung der Menschenrechte, der Demokratie und dem Rechtsstaat universelle Geltung zuschreiben, aber für ihren Wohlstand auf den Welthandel angewiesen sind, gilt das erst recht. Und nie wird dieses Spannungsverhältnis so deutlich wie in dem Moment, in dem ein Versorgungsengpass auftritt.

Genau so war es im Jahr 2011, als China entschied, den Export von Seltenen Erden zu beschränken. Als Seltene Erden bezeichnet man Metalle wie Lanthan, Europium oder Neodym, die von der Hightech-Industrie, der Umweltbranche und der Autoindustrie beispielsweise zur Herstellung von Solarzellen, Akkus oder zur Entwicklung elektrischer Autos benötigt werden.

China kontrolliert 95 Prozent der weltweiten Produktion Seltener Erden und liefert fast 90 Prozent des europäischen

Bedarfs. Das erklärt, warum die chinesischen Exportbeschränkungen einen solchen Aufschrei in der deutschen Wirtschaft auslösten. Die Industrieverbände machten enormen Druck auf die Bundesregierung, alternative Anbieter zu finden. Sie wollten nicht warten, bis sich die EU auf ein gemeinsames Vorgehen gegenüber China geeinigt hatte. Lieber baten sie die Kanzlerin um Hilfe. Und die half.

Im Februar 2012 rollte Angela Merkel den roten Teppich für Nursultan Nasarbajew aus. Sie empfing den Präsidenten Kasachstans mit allem Pomp, der zu einem Staatsbesuch dazugehört. Dabei kann man sich gut vorstellen, dass Merkel der Umgang mit einem Mann wie Nasarbajew, der sein Land seit 1990 mit eiserner Hand regiert, persönlich sehr unangenehm ist. Für Persönlichkeitskult hat die einstige DDR-Bürgerin nicht viel übrig. Nasarbajew hat dagegen in seiner neu errichteten Hauptstadt Astana überall Bilder von sich aufhängen lassen. Genauso wenig begeistert dürfte Merkel von seinem Regierungsstil sein. Kasachische Sicherheitskräfte töteten im Dezember 2011 während eines Streiks in der Ölindustrie mindestens 14 Arbeiter; andere wurden inhaftiert und misshandelt. Und selbstverständlich lässt Nasarbajew auch die Medien zensieren und die Opposition einschüchtern. In der gemeinsamen Pressekonferenz versicherte Merkel, sie habe diese Themen mit Nasarbajew angesprochen. »Bei allen wirtschaftlichen Interessen sprechen wir natürlich genauso über Menschenrechte und die Einhaltung demokratischer Prinzipien.«[72]

Die deutsche Industrie jubelte über die wirtschaftlichen Resultate des Besuchs.[73] Ein Partnerschaftsabkommen im

Wert von 3,5 Milliarden Euro wurde unterzeichnet. Der Ost-Ausschuss der Deutschen Wirtschaft bezeichnete den Abschluss als »echte Win-win-Situation«. Deutsche Unternehmen erhielten Zugang zu Seltenen Erden und anderen Rohstoffen: Kasachstan bekam deutsches Know-how.

Menschenrechtsaktivisten beurteilten das Abkommen kritisch. Demokratische Länder wie Deutschland dürften der Versuchung nicht nachgeben, Menschenrechte zugunsten von Handelsbeziehungen zu opfern. Schließlich sei die Achtung der Menschenrechte der zentrale Wert, über den sich Europa definiere. Zudem sei es möglich, beides zu vereinbaren. »Die Verteidigung von Menschenrechten und die Verfolgung wirtschaftlicher Interessen durch die EU-Mitgliedsstaaten schließen einander nicht aus«, sagten Aida Aidarkulowa und Anton Artemjew aus dem kasachischen Büro der Soros-Stiftung. Es sei möglich, beiden Interessen Rechnung zu tragen. »Partnerschaftsabkommen sollten Bedingungen zu Menschenrechten sowie zu sozialen und ökologischen Verpflichtungen enthalten. Ansonsten besteht die Gefahr, dass Menschenrechte den ökonomischen Interessen untergeordnet werden.«[74]

»Ich habe keine Bedenken, einen Vertrag mit Kasachstan oder anderen Ländern zu unterzeichnen, solange die Frage der Menschenrechte auf dem Tisch bleibt«, sagt auch der ehemalige Leiter des Büros der Konrad-Adenauer-Stiftung in Kiew, Nico Lange. »Ich habe aber meine Zweifel, dass wir die richtige Balance finden zwischen der Notwendigkeit, Geschäfte abzuschließen, und der, unsere Werte aufrechtzuerhalten.«

Kasachstan ist nicht das einzige Land, bei dem Merkel die wirtschaftlichen Interessen Deutschlands über die eigenen Werte stellte. Einige Monate zuvor hatte sie als erste deutsche Bundeskanzlerin die Mongolei besucht, um dort ebenfalls ein Rohstoffabkommen zu unterzeichnen. Auch in der Mongolei klagen Menschenrechtsaktivisten über Unterdrückung und Verfolgung. Doch in Zeiten drohender Wirtschafts- oder Finanzkrisen genießt die Wirtschaft in der Regel Vorrang. Aus Angst davor, bei lukrativen Aufträgen leer auszugehen, versuchen Firmen häufig, ihre Regierungen davon zu überzeugen, das Thema Menschenrechte gar nicht erst anzusprechen.

Aber sind die Machtverhältnisse so einseitig? Selbst während einer Wirtschaftskrise brauchen Länder wie Kasachstan oder die Mongolei dringend Zugang zu Hochtechnologien und Industrieanlagen. Deutschland ist zudem ein entscheidender Partner, wenn es darum geht, sich den europäischen Markt zu erschließen. Könnte die Regierung Merkel diese Situationen nicht stärker nutzen, um auf die Einhaltung der Menschenrechte zu drängen?

In diesem Kapitel möchte ich der Frage nachgehen, wo Merkel heute steht, wenn es um das Spannungsverhältnis zwischen politischen Werten und wirtschaftlichen Interessen geht. Hat eine deutsche Regierungschefin überhaupt die Macht, auf interne Entwicklungen in fernen Ländern Einfluss zu nehmen? Und wenn sie die Macht hat, nutzt sie deren Möglichkeiten? Warum hat sich Merkels Einstellung zu Menschenrechtsfragen im Verlauf ihrer Jahre an der Macht so stark verändert? Auf diese Fragen eine Antwort zu finden, ist wichtig, um die Stellung Deutschlands in der Welt zu verstehen. Zugleich bietet diese Betrachtung einen ganz eigenen Blick auf das, was das Phänomen Merkel ausmacht.

Erinnern wir uns an die Anfänge. Zu Beginn ihrer Kanzlerschaft im November 2005 hatte Angela Merkel versprochen, sie werde in der Außenpolitik den Menschenrechten größere Bedeutung beimessen. Im Koalitionsvertrag mit der SPD wurde die Menschenrechtspolitik als wichtiger Bestandteil deutscher Friedens- und Sicherheitspolitik bezeichnet. Menschenrechte seien unteilbar, und deutsche Außen- und Entwicklungspolitik werde nicht schweigen, wenn Demokratie, Freiheit, Rechtsstaatlichkeit und Minderheitenrechte in Gefahr seien. »Wir setzen auf eine glaubwürdige Außen- und Entwicklungspolitik, die Defizite ebenso offen anzusprechen weiß, wie sie die Interessen unseres Landes nach Kräften fördert«, hieß es in dem Dokument. Dies solle durch Rechtsstaatsdialoge, Stärkung der Zivilgesellschaft und Demokratieförderung flankiert werden.

Mit diesem neuen Tonfall setzte sich Merkel in den Augen vieler Wähler positiv von ihrem Vorgänger Schröder ab, der einen ziemlich unkritischen Umgang mit dem Thema Menschenrechte gepflegt hatte. Vor allem gegenüber China und Russland verhielt sich Schröder sehr pragmatisch. Um die Anbahnung wirtschaftlicher Kontakte zu Peking zu fördern, setzte er sich für die Aufhebung des EU-Waffenembargos für China ein. 2003 schlug er sogar vor, die stillgelegte Hanauer Plutoniumanlage nach China zu verkaufen. Nach heftigem Protest der Grünen nahm der Kanzler zwar von diesem Projekt wieder Abstand, sorgte aber dafür, dass ein Jahr später Russland den Zuschlag für die Hanauer Fabrik erhielt. Dort regierte schließlich, nach Schröders eigenen Worten, ein »lupenreiner Demokrat«.

Merkel wollte es zu Beginn ihrer Amtszeit gerade in diesem Punkt anders machen als ihr Vorgänger. Im Vorfeld ihrer zweiten Chinareise im August 2007 kündigte sie an, sie werde »nicht um den heißen Brei herumreden«. In Peking traf sie sich mit Menschenrechtsaktivisten und regimekritischen Journalisten, kritisierte chinesische Hackerangriffe, den chinesischen Umgang mit Urheberrechten und die Vernachlässigung des Umweltschutzes. Natürlich wollte auch Merkel eigene Interessen durchsetzen und dazu beitragen, der Wirtschaft den Weg zu ebnen. Doch dabei nahm sie kein Blatt vor den Mund – und wurde trotzdem von der chinesischen Führung hofiert. Für ihre Haltung erntete Merkel sogar bei den Grünen großes Lob. Parteichefin Claudia Roth lobte Merkels Einsatz für die Menschenrechte als »außerordentlich positiv«. Ihr Stil unterscheide sich wohltuend von dem ihres Vorgängers.

Die chinesische Führung schreckte erst auf, als Merkel beschloss, den im Exil lebenden spirituellen Führer Tibets, den Dalai Lama, im Jahr 2007 ins Kanzleramt einzuladen. Peking drohte damit, Verträge mit deutschen Firmen zu kündigen. Deutsche Unternehmenschefs warnten Merkel vor den Konsequenzen. Auch die mit der CDU koalierenden Sozialdemokraten kritisierten Merkels Haltung scharf und warfen ihr vor, sie instrumentalisiere das Thema Menschenrechte für innenpolitische Zwecke. Merkel blieb standhaft, was ihr Lob von Menschenrechtsaktivisten einbrachte. Dieses Mal gelang es ihr, ihre Werte zu verteidigen, obwohl sie dabei riskieren musste, den deutschen Wirtschaftsinteressen zu schaden.

Je länger die Regierung Merkel im Amt war, desto seltener entschied sie jedoch einen Zielkonflikt zugunsten der Menschenrechte. Hatte die Kanzlerin es anfangs noch gewagt, US-Präsident George W. Bush wegen der Inhaftierung von Terrorverdächtigen in Guantanamo Bay zu kritisieren, übte sie sich bei dessen Nachfolger Obama in Schweigen. Heute spricht Merkel weder darüber, dass in Guantanamo immer noch Menschen inhaftiert sind, von denen selbst nach Einschätzung der US-Geheimdienste keine Terrorgefahr ausgeht, noch äußert sie sich öffentlich zum Drohnenkrieg der USA gegen Terrorverdächtige in Pakistan, Somalia und Jemen.

Ein weiteres Beispiel für Merkels immer stärker interessengeleitete Politik liefert Usbekistan. 2005 hatte die EU ein Waffenembargo und andere Sanktionen gegen das zentralasiatische Land verhängt, nachdem usbekische Sicherheitskräfte auf unbewaffnete Demonstranten geschossen und Hunderte von Menschen getötet hatten. Forderungen nach einer internationalen Untersuchung des Zwischenfalls lehnte das Regime ab. Nur vier Jahre später, im Jahr 2009, hob die Europäische Union die Sanktionen wieder auf. EU-Vertreter rechtfertigten die Entscheidung mit der Freilassung einiger politischer Gefangener und der Abschaffung der Todesstrafe. Dies verschleierte jedoch den wahren Grund: Deutschland und andere NATO-Staaten brauchten die usbekischen Luftstützpunkte für militärische Transporte nach Afghanistan. Über die Luftwaffenbasis Termez in Südusbekistan erfolgte der Nachschub für die deutschen Truppen, Grund genug für Deutschland, sich vehement für die Beendigung des Waffenembargos einzusetzen. Die anderen EU-Staaten gaben dem deutschen Drängen schließlich nach. Sie wussten, dass eine Verlängerung des Waffenembargos Einstimmigkeit erfordert hätte und gegen den Widerstand Deutschlands nicht zu erreichen war.

Usbekistan war bei Weitem nicht der einzige Fall, in dem Europa seinen eigenen Werten zuwiderhandelte. Es war schon immer so, dass europäische Politiker zwar Menschenrechte und Demokratie predigen, sich aber ungeniert mit Diktatoren treffen, vor allem, wenn diese in rohstoffreichen Ländern herrschen. Unter den europäischen Nationen ist Deutschland weder der einzige noch der schlimmste Sünder. Wie viel Glaubwürdigkeit die EU insgesamt mit solchem Verhalten verspielt hat, wurde im Arabischen Frühling offenbar, als die Demokratiebewegungen den Europäern ihren langjährigen engen Umgang mit Diktatoren wie Ben Ali und Mubarak vorhielten.

Im August 2012 wurde bekannt, dass Deutschland mit dem Regime in Weißrussland – der letzten kommunistischen Diktatur Europas – sogar auf einem ganz besonders heiklen Feld zusammenarbeitete. Deutsche Polizisten beteiligten sich zwischen 2008 und 2011 an der Schulung von rund 500 weißrussischen Sicherheitskräften. Die Beobachter aus Minsk wurden sogar zum Polizeieinsatz während des Castor-Transports 2010 geladen! Unter den Auszubildenden waren laut Presseberichten auch Offiziere der gefürchteten Miliz von Präsident Lukaschenko, die auch zur Niederschlagung von

Demonstrationen eingesetzt wird. Deutschland soll die weißrussische Polizei zudem mit Ausrüstung, darunter auch Schlagstöcken, beliefert haben. Welche Kehrtwende gegenüber Merkels Anfangszeit, als die Kanzlerin sich noch persönlich mit den weißrussischen Oppositionsführern traf!

Das Bundesinnenministerium berief sich darauf, dass die Kooperation im Rahmen der EU abgestimmt gewesen sei. Nach Signalen aus Minsk, die auf eine Öffnung des autoritären Systems hindeuteten, habe man die Bildung einer rechtsstaatlich verfassten Polizei unterstützen wollen. Diese Zusammenarbeit ist Ende 2010 beendet worden, nachdem Lukaschenko Proteste gegen seine mutmaßlich gefälschte Wiederwahl mit großer Brutalität niedergeschlagen hatte. Allerdings musste das Ministerium zugeben, dass Berlin die bereits beschlossenen Kooperationsprojekte auch danach noch weiterführte. In Wirklichkeit lief die Zusammenarbeit erst Ende 2011 aus, viele Monate nach der Unterdrückung der Wahlproteste.

Noch stärker wird die Glaubwürdigkeit Deutschlands durch Rüstungsexporte in Frage gestellt. Deutschland hatte im Jahr 2010 in diesem Bereich einen Weltmarktanteil von elf Prozent – das ist Platz drei hinter den USA mit 30 Prozent und Russland mit 23 Prozent. Der Widerspruch ist unübersehbar: Einerseits gibt sich Deutschland sehr zurückhaltend, wenn es um die Entsendung von Soldaten in Kriegsgebiete geht, wie zuletzt in Libyen oder Mali. Andererseits liefert genau dieses Deutschland, das sich als Zivilmacht definiert und sich einer wertegebundenen Außenpolitik verpflichtet sieht,

Waffen in die Krisenregionen der arabischen Welt und des Nahen Ostens. Der Bundessicherheitsrat, ein geheim tagendes Gremium des Bundeskabinetts, scheint die Anträge auf Exportgenehmigungen nur so durchzuwinken. Im Jahr 2012 verdoppelte sich der Wert der Waffenexporte in die sechs Mitglieder des Golfkooperationsrates gegenüber 2011. Insgesamt wurde die Ausfuhr von Rüstungsgütern im Wert von mehr als 1,4 Milliarden Euro genehmigt, wobei der mit Abstand größte Anteil, 1,24 Milliarden Euro, auf Saudi-Arabien entfiel.

Oppositionsparteien und Menschenrechtsgruppen kritisieren die Waffenlieferungen an das autoritäre saudische Regime, das westliche Werte ablehnt und weltweit radikale islamistische Bewegungen unterstützt, schon lange. Die Bundesregierung argumentiert dagegen, dass der Golfstaat ein Stabilitätsfaktor in der Region sei. Deutschland wolle, dass das ölreiche Saudi-Arabien stabil bleibe. Ob dieses Verhalten aber langfristig wirklich im Interesse Deutschlands ist? Der Arabische Frühling hat gezeigt, dass autoritäre Regime keine Ewigkeitsgarantie besitzen. Europa sollte den Fehler nicht wiederholen, sich zu lange und zu tief mit Diktaturen einzulassen.

Die Verteidigungsausgaben in den meisten EU-Ländern sinken, weil die Regierungen sparen müssen. Um Arbeitsplätze und Know-how zu erhalten, machen sich Regierungen und Waffenproduzenten deswegen gemeinsam auf die Suche nach neuen Märkten. Nicht alle diese Märkte befinden sich in stabilen, konfliktfreien und demokratischen Ländern. »Europäische Regierungen verkaufen schon seit Langem Waffen an Schurken«, sagt Bates Gill, Direktor des Stockholmer Friedensforschungsinstituts SIPRI.[75] »Hierfür gibt es unzählige Beispiele, trotz des hochtrabenden Geredes über Rüstungsexportrichtlinien.« Nach einer EU-Statistik gingen im Jahr 2010 europäische Rüstungsgüter im Wert von 8,3 Milliarden Euro in den Nahen Osten und nach Nordafrika.[76] Sicherheitsexperten gehen davon aus, dass der Nahe Osten und Zentralasien auch künftig lukrative Märkte für europäische Rüstungsfirmen sein werden.

Ein im März 2012 veröffentlichter SIPRI-Bericht zeigt, dass die meisten Rüstungsfirmen in Amerika oder Europa beheimatet sind.[77] Es ist eine aufschlussreiche Statistik, obwohl SIPRI keine Waffenexporte aus China berücksichtigt, weil es darüber keine zuverlässigen Angaben gibt. 60 Prozent aller weltweiten Einnahmen aus den Waffenverkäufen, die SIPRI auflistet, entfielen auf 44 US-Firmen. Auf die 30 größten europäischen Firmen kam ein Marktanteil von 29 Prozent, das entspricht Verkäufen im Wert von 119 Milliarden Dollar. Die wichtigsten europäischen Rüstungsexporteure sitzen in Frankreich, Deutschland und Großbritannien.

Erfolgreichstes deutsches Unternehmen war der Technologiekonzern Rheinmetall. Mit Rüstungsverkäufen im Wert von knapp 2,7 Milliarden Dollar belegte das Unternehmen mit Sitz in Düsseldorf Platz 31 in der SIPRI-Liste. Der Anteil von militärischen Produkten am gesamten Umsatz betrug bei Rheinmetall demnach knapp 50 Prozent. Das europäische Gemeinschaftsunternehmen EADS landete mit Waffenverkäufen im Wert von 16,4 Milliarden Dollar auf Rang sieben, dort betrug der Rüstungsanteil 27 Prozent. Weitere deutsche Unternehmen unter den Top 100 waren Thyssen-Krupp (Platz 56) und Diehl (Platz 63). Weltweit an der Spitze steht laut SIPRI nach wie vor das US-Unternehmen Lockheed Martin mit Verkäufen im Wert von rund 35,7 Milliarden Dollar.

Rüstungsexporte könnten und sollten strikter überprüft werden. Es muss nicht sein, dass Regierungen ihre Verpflichtung zur Achtung der Menschenrechte hintanstellen, um Arbeitsplätze in der Rüstungsindustrie zu sichern, zumal in Deutschland nur etwa 70 000 Menschen in dieser Branche arbeiten. Im Bundestag wird über Rüstungsexporte erbittert gestritten. Die Opposition fordert mehr Transparenz und eine Beteiligung des Parlaments am Genehmigungsverfahren. Doch obwohl diese Forderung auch in den Reihen der schwarz-gelben Koalition auf Sympathie stößt, hält die Bundesregierung daran fest, Entscheidungen über Exportgenehmigungen nur unter äußerster Geheimhaltung im Bundessicherheitsrat zu treffen.

In einer bemerkenswerten Rede auf der Festveranstaltung zum 50-jährigen Jubiläum des Bergedorfer Gesprächskreises der Körber-Stiftung im September 2011 rechtfertigte sich Merkel öffentlich für die deutsche Ausfuhrpraxis. Sie begründete den Rüstungsexport in Schwellenländer mit deren Verantwortung für die Lösung regionaler Konflikte. »Wenn wir, wie zum Beispiel nach den schlimmen Erfahrungen in Somalia 1993/1994, davor zurückschrecken, selbst in einen Konflikt einzugreifen, dann reicht es in der Regel nicht, an andere Länder und Organisationen Worte der Ermutigung zu richten. Wir müssen die Staaten, die bereit sind, sich zu engagieren, auch dazu befähigen. Ich sage ausdrücklich: Das schließt auch den Export von Waffen mit ein – dies selbstverständlich nur nach klaren und weithin anerkannten Prinzipien. Wir sollten aber versuchen, einen Schritt weiterzugehen: Wenn wir uns im Atlantischen Bündnis einig sind, dass die NATO nicht alle Konflikte lösen kann und dass den aufstrebenden Schwellenländern und Regionalorganisationen mehr Verantwortung zukommt, dann sollten wir im Bündnis bei den Rüstungsexporten auch schrittweise zu einer gemeinsamen Politik kommen. Eine solche gemeinsame Politik muss und wird immer restriktiv sein. Sie muss und wird immer und in jedem Fall mit einer Außenpolitik in Einklang zu bringen sein, die auf die Achtung der Menschenrechte ausgerichtet ist. Denn sonst wird eine wertegeleitete Politik unmöglich.«[78]

Während der Verkauf von Rüstungsgütern an Saudi-Arabien nur schwer als Beispiel einer wertegeleiteten Politik angeführt werden kann, entspricht der Verkauf von U-Booten an Israel tatsächlich übergeordneten politischen Zielen. Aus historischen Gründen beliefert Deutschland Israel schon seit vielen Jahren mit U-Booten, die mit Atomwaffen bestückt werden können. Es tut das, weil es Israel Unterstützung für seine Sicherheit schuldet. In diesem Fall hat Deutschland nicht nur ein Interesse an einem stabilen Israel, sondern hält dessen Unterstützung mit Waffen auch für moralisch geboten.

Im September 2012 machten Außenminister Westerwelle, Verteidigungsminister de Maizière und Entwicklungshilfeminister Niebel auf einer gemeinsamen Pressekonferenz in

Berlin den seltenen Versuch, zu erklären, wie die Bundesregierung zwischen Interessen und Werten abwägt.[79] Als Beispiel für die Verteidigung deutscher Wirtschaftsinteressen
führte Westerwelle die Anti-Piraterie-Mission am Horn von
Afrika an. Kriegsschiffe der EU und der NATO sichern vor der
somalischen Küste einen der am stärksten befahrenen Schiff-
fahrtswege der Welt. Die Offenhaltung dieser Wege ist für
die deutschen Exporte enorm wichtig. Westerwelle sprach
folglich zu Recht davon, dass Deutschland ein Interesse an
Stabilität in dieser Region hat.

In diesem Sinn ist Deutschland bei der Diskussion seiner
Interessen ein bisschen ehrlicher geworden. Hatte nicht im
Mai 2010 der ehemalige Bundespräsident Horst Köhler genau
dasselbe gesagt, war aber dafür heftig kritisiert worden? Köhler gab auf dem Rückweg seines Afghanistan-Besuches ein
Radiointerview, in dem er davon sprach, warum Deutschland
an bestimmten internationalen friedenserhaltenden Einsätzen oder Kampfeinsätzen beteiligt sei.

Auch wenn ich auf Köhlers Äußerungen bereits kurz ein-
gegangen bin, will ich diese Episode hier noch einmal auf-
greifen. Sie zeigt nämlich sehr deutlich, wie ungern sich die
Deutschen mit der Frage befassen, welche Mittel zur Verfolgung ihrer Interessen angemessen sind. In dem Interview
sagte Köhler: »Meine Einschätzung ist aber, dass insgesamt
wir auf dem Wege sind, doch auch in der Breite der Gesellschaft zu verstehen, dass ein Land unserer Größe mit dieser
Außenhandelsorientierung und damit auch Außenhandels-
abhängigkeit auch wissen muss, dass im Zweifel, im Notfall
auch militärischer Einsatz notwendig ist, um unsere Inter-

essen zu wahren, zum Beispiel freie Handelswege, zum Beispiel ganze regionale Instabilitäten zu verhindern, die mit Sicherheit dann auch auf unsere Chancen zurückschlagen negativ, bei uns durch Handel Arbeitsplätze und Einkommen zu sichern.«[80] Die deutschen Medien reagierten entsetzt. Wie konnte ein deutscher Präsident so kaltschnäuzig über den Einsatz von deutschen Soldaten zur Durchsetzung von wirtschaftlichen Interessen sprechen! Als Köhler klar wurde, dass er weder von Merkel noch von sonst jemandem aus der CDU Unterstützung erhalten würde, trat er zurück. Eine Auseinandersetzung über Interessen und Werte fand nicht statt.

Dabei hatte Köhler eigentlich eine Selbstverständlichkeit geäußert. Deutschland hat natürlich Interessen und muss diese auch verteidigen. Was ist daran falsch? Als ehemaliger Vorsitzender des IWF hat Köhler ein feines Gespür für die Abwägung zwischen Interessen und Werten. Doch das Kanzleramt wollte keine Diskussion um realpolitische Notwendigkeiten führen.

Auch in Bezug auf China vermeidet Merkel – anders als zu Beginn ihrer Kanzlerschaft – eine Grundsatzdiskussion über Werte. Dabei führt der wirtschaftliche und politische Aufstieg Chinas dazu, dass Peking die westlichen Werte viel grundsätzlicher in Frage stellt als noch vor wenigen Jahren. Nach chinesischer Lesart hat das eigene, autoritär geprägte Modell im Wettkampf der Systeme seine Überlegenheit bewiesen. Auch in den Augen vieler Regierungen von Entwicklungsländern stellt die chinesische Erfolgsstory in Frage, dass Menschenrechte, Demokratie und Rechtsstaat universelle Geltung haben.

China vergrößert seinen weltweiten Einfluss, indem es enorme Summen in die Infrastruktur Afrikas investiert. Im Gegenzug verlangt Peking nur, Zugang zu den Rohstoffen des Kontinents zu erhalten. Menschenrechte spielen keine Rolle. Das passt einigen autoritären Führern in der Region sehr gut. Diese beschweren sich über die angeblich imperialistische Haltung der USA und der europäischen Regierungen, wenn diese die Befolgung demokratischer Spielregeln oder die Achtung der Menschenrechte fordern, bevor Hilfsgelder fließen. China stellt solche Forderungen nicht.

Und noch etwas schwächt Europa gegenüber dem immer forscher eingeforderten Machtanspruch Chinas: Während der Euro-Krise geriet Europa in Abhängigkeit von chinesischen Investitionen. Europäische Politiker warben nicht nur intensiv um chinesische Direktinvestitionen in ihren Heimatstaaten, sie erhofften sich von Peking auch finanzielle Unterstützung durch den Ankauf von Staatsanleihen. Dies führte unweigerlich dazu, dass europäische Politiker es nicht mehr wagten, Chinas autoritäres Herrschaftssystem in Frage zu stellen. Selbst bei der Verteidigung von Wirtschaftsinteressen zögerten sie. Als EU-Handelskommissar Karel De Gucht einzelne Aspekte der chinesischen Handelspolitik kritisierte, erhielt er von den Mitgliedstaaten dafür kaum Unterstützung.[81]

Das Ergebnis ist, dass China langsam die Werte Europas usurpiert. Europa hat im letzten Jahrzehnt viel Glaubwürdigkeit und einen Teil seiner Machtbasis bei der weltweiten Verteidigung der Menschenrechte verloren. Der European Council on Foreign Relations stellte in einer Studie aus dem

Jahr 2010 fest, dass China bei den Vereinten Nationen größere Zustimmung zu seinen Positionen in Menschenrechtsfragen genießt als Europa.[82] Im Jahr 2010 stimmten 127 der 192 UN-Mitglieder in Menschenrechtsfragen gegen europäische Positionen. Im Jahr zuvor waren es noch 117 gewesen. Zum Vergleich: In den späten 1990er Jahren hatte sich die Europäische Union noch eines Zustimmungsquotienten von 70 Prozent erfreuen können.

Selbst demokratische Länder suchen inzwischen häufig nicht mehr den Schulterschluss mit Europa. In der überwiegenden Zahl der Fälle schloss sich nur die Hälfte der demokratischen Nicht-EU-Länder der europäischen Position an. Demokratische Staaten wie Brasilien, Indien und Südafrika, die früher in Menschenrechts- und Rechtsstaatsfragen mit den Europäern auf einer Linie lagen, enthielten sich oder stimmten sogar gegen solche Resolutionen. Dies sind keine guten Nachrichten, weder für Deutschland noch für Europa und erst recht nicht für den Rest der Welt.

Machtprojektion, also die Durchsetzung politischer Interessen auch weit entfernt vom eigenen Territorium, erfordert nicht immer militärische Macht (»hard power«). Seit einiger Zeit schon setzen Deutschland und Europa mehr auf die Anziehungskraft von Institutionen, Diplomatie und politischen Werten (»soft power«). Europäische Politiker glauben, dass »soft power« nachhaltiger ist als kriegerische Missionen und dass diese Form der Machtprojektion den europäischen Werten auch besser entspricht. Aus ihren Äußerungen spricht dabei ein gewisses, nicht sonderlich attraktives Grundgefühl der moralischen Überlegenheit. Trotzdem hat Europa nie genug Ressourcen in die Ausstattung seiner »Soft power«-Instrumente gesteckt.

Ein Beispiel ist die Ausbildung der afghanischen Polizei, für die Deutschland zunächst allein und später im Rahmen der EU die Verantwortung trug. Doch weder taugte das von Berlin entwickelte Konzept für die Praxis der afghanischen Polizeiarbeit, noch war die Mission finanziell ausreichend ausgestattet.[83] Schließlich nahmen die USA die Ausbildung des afghanischen Polizeikorps größtenteils in die eigenen Hände.[84]

Die Polizeimission ist ein wichtiges Beispiel, weil es zeigt, dass die Wertepolitik keineswegs immer an wirtschaftlichen Interessen scheitert. »Soft power« verursacht verhältnismäßig wenige Zielkonflikte. Dafür erfordern diese Instrumente politischen Willen, Geld und menschliche Ressourcen. Der Europäischen Union wird es nie gelingen, im Kosovo eine funktionsfähige und rechtsstaatliche Justiz aufzubauen, wenn ihre Mitgliedsstaaten dafür nicht die entsprechenden Experten abstellen. Nach fast acht Jahren im Amt hat Merkel keine Entschuldigung dafür, dass Deutschland bei der Entwicklung von »Soft power«-Kapazitäten nicht vorankommt.

Auch in anderen Bereichen wäre es für die deutsche Regierung möglich, mehr für die Durchsetzung der Menschenrechte und der demokratischen Werte in der Welt zu tun. Eine Bundesregierung kann die großen Unternehmen, die so gerne über soziale Verantwortung, Respekt vor der Umwelt und Fürsorge für ihre Mitarbeiter sprechen, viel stärker in die Pflicht nehmen. Sie kann sie dazu verpflichten, diese Standards auch zu erfüllen, wenn sie in nicht demokratischen Ländern investieren. Wenn sie ihre technologischen Fähigkeiten und Produkte exportieren können, warum sollte das nicht auch mit ihren Werten möglich sein? Oder ist das naiv?

Ich denke nicht. Natürlich hat die Bundesregierung ein Interesse daran, Arbeitsplätze zu sichern. Die deutsche Wirtschaft ist stark vom Export und damit von ausländischen Auftraggebern abhängig. Es herrscht ein enormer Wettbewerb unter europäischen Unternehmen und Regierungen, wenn es um Aufträge für große Infrastrukturprojekte, Rüstungsverkäufe oder Flugzeuglieferungen geht. Doch eine Umgebung, die dominiert wird von undurchsichtigen Machtstrukturen, Erpressung und Korruption macht Geschäftsverhandlungen schwieriger, nicht leichter.

Investoren wollen Verlässlichkeit und Stabilität. Wenn ein Regime Menschenrechte und Werte nicht achtet, gibt es keine Garantie für Stabilität. Könnte eine deutsche Regierung sich die Geschäftsinteressen der Großunternehmen für die Förderung von Menschenrechten zunutze machen? Es wäre sicherlich einen Versuch wert. »Die Geschäftswelt sollte genauso wie die Zivilgesellschaft ein Interesse an Rechtsstaatlichkeit, Transparenz und Verlässlichkeit haben«, sagt Artemjew von der kasachischen Soros-Stiftung. »In einem solchen Umfeld können Geschäftsinteressen wirksam geschützt werden.«

In einem zweiten Schritt sollte Berlin auch im EU-Rahmen darauf drängen, bei Partnerschaftsabkommen mit Ländern wie Kasachstan auf der Einhaltung sozialer und ökologischer Normen zu bestehen, wenn es um die Erschließung von Seltenen Erden und anderen Rohstoffen geht.

Der letzte Schritt besteht in der Einbeziehung der Verbraucher. Wo die Vorschriften der Regierung versagen, kann die Angst vor einem Verbraucherboykott Firmen einen Anreiz bieten, verantwortungsbewusst zu handeln, um ihr Ansehen zu schützen. Deutsche Unternehmen berichten, dass immer mehr Anteilseigner und Kunden einen genauen Blick darauf richten, wie sie sich bei Geschäften mit autoritär regierten Ländern verhalten. Man denke daran, wie sehr Apple durch die Berichterstattung über die Arbeitsbedingungen bei Foxconn, dem chinesischen Zulieferer für iPhone und iPad, unter Druck geraten ist. »Die Frage ist nicht: Handel oder Menschenrechte«, sagte Markus Löning, der Menschenrechtsbeauftragte der Bundesregierung.[85] »Firmen können Geschäfte machen und gleichzeitig auch annehmbare Arbeitsbedingungen fördern. Ihr Ansehen bei den Verbrauchern ist beschädigt, wenn sie ihre im Heimatland praktizierten Werte nicht hochhalten«, fügte Löning hinzu.

Merkel nutzt bisher keine dieser Möglichkeiten. Im achten Jahr ihrer Kanzlerschaft gibt sie den Wirtschaftsinteressen Deutschlands in der Regel den Vorrang vor den Werten. Wenn Merkel bei einem Staatsbesuch das Schicksal eines verfolgten Dissidenten oder einer zensierten Zeitung noch zur Sprache bringt, dann tut sie das hinter fest verschlossenen Türen. Dabei glaube ich nicht, dass Angela Merkel die Menschenrechte gleichgültig geworden sind. Mir scheint aber, dass sie den Glauben daran verloren hat, dass es in ihrer Macht als Bundeskanzlerin steht, hier Fortschritte zu erreichen.

Vielleicht sollte sich Merkel auf ihre Anfangszeit besinnen. Vielleicht sollte sie sich daran erinnern, dass es nicht nur richtig und notwendig ist, die Achtung von Menschenrechten und demokratischen Werten einzufordern, sondern auch möglich. Die viel beschworenen Wirtschaftsinteressen werden am Ende darunter viel weniger leiden als befürchtet.

Kommen wir noch einmal auf den Empfang des Dalai Lama im Kanzleramt durch Merkel im Jahr 2007 zurück. Erinnern wir uns an den Aufschrei der chinesischen Führung und der deutschen Industrie. Erinnern wir uns an die Drohungen, Verträge zu kündigen oder deutsche Firmen von der Beteiligung bei Ausschreibungen auszuschließen. Was ist davon eingetreten? Nichts. Nicht ein einziger Vertrag wurde gekündigt.

Das Phänomen Merkel

Ist es möglich, ein Land wie Deutschland zu verstehen? Beim Verfassen dieses Buches habe ich mit vielen Freunden darüber gesprochen, wie sie über die deutsche Geschichte, über Krieg und Frieden, Führung und Verantwortung und über das Verhältnis zu Israel denken. Natürlich fällt jede Antwort anders aus. Doch allen gemeinsam ist die Bedeutung, die der Holocaust für sie einnimmt. 68 Jahre sind vergangen, seit die Alliierten die Schreckensherrschaft der Nationalsozialisten beendeten. Doch die Vergangenheit wiegt immer noch schwer, gerade in Berlin, dieser Stadt voller Erinnerungen und Widersprüche. Ich lebe nun schon viele Jahre hier, und doch werde ich nie ganz verstehen, wie die Deutschen denken und handeln. Warum beispielsweise entfacht das Gedicht eines Literaturnobelpreisträgers hitzige Debatten, die Tatsache, dass Deutschland der drittgrößte Waffenexporteur der Welt ist, aber nicht?

Die Erinnerung an den Judenmord ist aber nicht nur eine Last, sondern stellt auch eine Art moralisches Barometer dar. Deutsche Politiker und Personen, die in der Öffentlichkeit stehen, hüten ihre Zunge, wenn sie über Juden, Israel oder über den Antisemitismus diskutieren. Jedes gesprochene oder geschriebene Wort wird auf die Goldwaage gelegt, manchmal sogar regelrecht seziert. Die Deutschen tun sich schwer mit ihrer Geschichte. Wie könnte es auch anders sein?

Die deutsche Vergangenheit erklärt auch einen großen Teil des ambivalenten Verhaltens, das die Deutschen immer dann an den Tag legen, wenn es um strategische Fragen, den Einsatz von Waffengewalt oder die Verfolgung nationaler Interessen geht. Es gehört zu den sympathischen Seiten Deutschlands, dass es Demonstrationen von Macht meist mit Misstrauen beobachtet. Schließlich ist das eine Lektion seiner Geschichte, die schmerzlich genug war. Es hat lange gedauert, bis vieles von dem, was in anderen Ländern üblich ist, auch hierzulande zur Normalität wurde. Doch inzwischen gilt, dass auch Deutschland selbstbewusst agiert, Einfluss ausübt, sich an Militäreinsätzen beteiligt und über seine Rolle in Europa und der Welt diskutiert.

Es ist die Aufgabe der politischen Eliten in Deutschland, diese Normalisierung voranzutreiben, ohne die geschichtliche Verantwortung aus den Augen zu verlieren. Dies verlangt Führungsstärke, nicht zuletzt von der Kanzlerin, die Deutschland seit acht Jahren regiert. Wenn ich von Merkels unerledigten Aufgaben schreibe, geht es genau darum. Die Aufgabe eines Bundeskanzlers ist es, die Richtung vorzugeben, Ideen einzubringen, Visionen zu entwerfen und strategisch zu denken, um das Land voranzubringen. Das sind sicherlich nicht Merkels Stärken. Manchmal habe ich den Eindruck, dass es Merkel schon reicht, Kanzlerin zu bleiben.

Das war nicht immer so. Als Angela Merkel im November 2005 Bundeskanzlerin wurde, wollte sie die Verhältnisse verändern. In den ersten zwei Jahren im Amt brachte sie das deutsch-amerikanische Verhältnis wieder in Ordnung. Sie stellte die Beziehungen zu Osteuropa auf eine neue Grundlage und engagierte sich für Menschenrechte. Vor allem aber setzte sie der allzu großen Nähe zum Kreml, die unter Schröder geherrscht hatte, ein Ende.

In der Innenpolitik setzte sich die neue Kanzlerin für Klimapolitik und Umweltschutz ein. Sie verwandte sich für das Elterngeld und den Ausbau der frühkindlichen Betreuung, um Frauen die Entscheidung für Kinder und die Rückkehr in den Beruf zu erleichtern. Angela Merkel, daran gibt es keinen Zweifel, leistete einen gewaltigen Beitrag zur Modernisierung des Konservatismus in Deutschland. Hinter diese Positionen wird es kein Zurück mehr geben.

Das sind gewaltige Veränderungen – und doch wurde im Laufe ihrer Regierungszeit immer deutlicher, welche engen Grenzen Merkels Gestaltungswillen hat. In ihrer Zeit als Kanzlerin hat es keine Standortbestimmung für Deutschlands Platz in der Welt gegeben. Diskussionen über Sicherheitspolitik sind Merkel unangenehm; das lässt sie sich anmerken. Wann hat diese Kanzlerin versucht, der Öffentlichkeit zu erklären, warum deutsche Soldaten in Afghanistan dienen oder welches in Zukunft die Rolle der NATO sein wird? Selbst wenn sie über Europa spricht, vermittelt sie kaum je den Eindruck, als glaubte sie wirklich an das, was sie sagt.

Nie werde ich vergessen, mit welcher Leidenschaft Merkel auf dem Leipziger Parteitag der CDU im Jahr 2003 für eine große Steuerreform und die Erneuerung der Marktwirtschaft warb. Genauso wenig vergesse ich, wie schnell und schmerzlos Merkel sich von diesem großen ökonomischen Reformprojekt wieder verabschiedete, als sie merkte, dass das Thema in der Öffentlichkeit nicht mehr zog. Welche Überzeugungen bei Merkel echt sind, das haben sich schon viele Leute gefragt.

In diesem Buch habe ich versucht, wenigstens einige der Themen aufzuspüren, bei denen es Merkel wirklich ernst ist. Das Verhältnis zu Israel gehört sicherlich dazu, die Beziehungen zu Polen ebenfalls. Einst hätte ich auch die Menschenrechte dazu gezählt, aber aus heutiger Sicht glaube ich das nicht mehr. Im achten Jahr von Merkels Regierungszeit gehört die Wertepolitik, welch schmerzliche Feststellung, in die Kategorie »unerledigte Aufgaben«.

Angela Merkel wäre nicht dort, wo sie ist, wäre sie nicht eine Machtpolitikerin ersten Ranges. Macht ist das, was sie antreibt. Man muss sich nur anschauen, mit welchem Geschick sie all die Rivalen ausgeschaltet hat, die ihr hätten gefährlich werden können: Friedrich Merz, Roland Koch, Christian Wulff, um nur einige Namen zu nennen. Merkel, die Physikerin, denkt die Dinge vom Ende her. Das können nur wenige.

Merkel besitzt zudem die große Gabe, abwarten zu können. Meist trifft sie eine Entscheidung erst dann, wenn klar ist, aus welcher Richtung der Wind weht. Aber manchmal, an zwei oder drei entscheidenden Punkten ihrer Laufbahn, hat sie rasch und entschlossen gehandelt. So war es, als sie sich in der CDU-Spendenaffäre von Helmut Kohl und Wolfgang Schäuble lossagte. So war es auch, als sie nach dem Atomunglück von Fukushima das Ruder in der deutschen Energiepolitik herumriss.

Im persönlichen Auftreten ist Merkel humorvoll, wortgewandt und beneidenswert schlagfertig. Sie hat in der Wirklichkeit viel strahlendere blaue Augen als im Fernsehen. Wer ihre hölzernen Auftritte vor großem Publikum sieht, kann sich nicht vorstellen, dass Merkel auch ein großes Talent hat, Leute zu imitieren. Einen ganz anderen Aspekt ihrer Persönlichkeit konnte man im Frühjahr 2012 erleben, als der neu gewählte französische Staatspräsident François Hollande zum Antrittsbesuch nach Berlin kam. Merkel gelang es, Hollande sacht am Ellbogen über den roten Teppich zu steuern, ohne den Neuling lächerlich zu machen.

Die Deutschen mögen Merkel, und sie vertrauen ihr. Acht Jahre ungebrochener persönlicher Popularität, das ist in der Politik selten. Und doch ist Merkel eine höchst private Person geblieben, die niemals auf den Gedanken kommen würde, Journalisten in ihr Wohnzimmer einzuladen. Was in ihrem Innersten vorgeht, weiß allenfalls eine winzige Gruppe langjähriger Vertrauter. Ist es möglich, eine Frau wie Merkel zu verstehen? Die Antwort auf diese Frage fällt ebenso wenig eindeutig aus wie die Frage, ob es möglich ist, Deutschland zu verstehen. Angela Merkel ist eine kluge, mächtige, von tiefen Widersprüchen geprägte Frau, die vieles erreicht und noch mehr hat liegen lassen. Sie passt zu Deutschland, diesem Land, das sich seiner Geschichte, seiner Zukunft und seiner Rolle in der Welt, seiner Macht und seiner Möglichkeiten immer wieder vergewissern muss.

Anmerkungen

1 »Schröder nennt Euro ›kränkelnde Frühgeburt‹«, Berliner Zeitung vom 27.03.1998, http://www.berliner-zeitung.de/archiv/schroeder-nennt-euro–kraenkelnde-fruehgeburt-,10810590,9413742.html [letzter Zugriff: 12.03.2013].

2 Dempsey, Judy: »Values Slide From Top of Merkel's List«, International Herald Tribune vom 27.11.2012, http://www.nytimes.com/2012/11/27/world/europe/27iht-letter27.html?ref=judydempsey&_r=0 [letzter Zugriff: 12.03.2013].

3 »Die Lage ist zu ernst für Spielchen«, Frankfurter Allgemeine Zeitung vom 15.09.2012, http://www.faz.net/aktuell/wirtschaft/wirtschaftspolitik/im-gespraech-wolfgang-schaeuble-die-lage-ist-zu-ernst-fuer-spielchen-11891379.html [letzter Zugriff: 12.03.2013]; vgl. Lebenslauf Wolfgang Schäuble, http://www.wolfgang-schaeuble.de/index.php?id=28 [letzter Zugriff: 12.03.2013]; vgl. Traynor, Ian: »Germany's Wolfgang Schäuble at 70 – still at the heart of efforts to save eurozone«, The Guardian vom 20.09.2012, http://www.guardian.co.uk/world/2012/sep/20/wolfgang-schauble-70-save-eurozone [letzter Zugriff: 12.03.2013].

4 Rede Wolfgang Schäubles zur Annahme des Karlspreises 2012, http://www.karlspreis.de/preistraeger/2012/rede_von_dr_wolfgang_schaeuble.html [letzter Zugriff: 12.03.2013].

5 »The Sick Man of the Euro«, The Economist vom 03.06.1999, http://www.economist.com/node/209559 [letzter Zugriff: 12.03.2013].

6 »Zehn Jahre Hartz IV. Deutschlands größte Sozialreform als Dauerbaustelle«, Frankfurter Allgemeine Zeitung vom 15.08.2012, http://www.faz.net/aktuell/wirtschaft/wirtschaftspolitik/zehn-jahre-hartz-iv-deutschlands-groesste-sozialreform-als-dauerbaustelle-11855926.html [letzter Zugriff: 12.03.2013].

7 Rede von Bundeskanzlerin Angela Merkel beim Jahrestreffen 2012 des World Economic Forums vom 25.01.2012, http://www.bundesregierung.de/Content/DE/Rede/2012/01/2012-01-25-bkin-davos.html [letzter Zugriff: 12.03.2013].

8 Lamers, Karl / Schäuble, Wolfgang: Überlegungen zur europäischen Politik, 01.04.1994, http://www.cducsu.de/upload/schaeublelamers94.PDF [letzter Zugriff: 12.03.2013].

9 »Wir brauchen mehr Europa. Interview mit Angela Merkel«, ARD-Morgenmagazin vom 07.06.2012, http://www.bundesregierung.de/Content/DE/Interview/2012/06/2012-06-07-merkel-ard.html [letzter Zugriff: 12.03.2013].

10 UK-France Summit 2010 Declaration of Defence and Security Co-operation, vom 02.11.2010, http://www.number10.gov.uk/news/uk–france-summit-2010-declaration-on-defence-and-security-co-operation/ [letzter Zugriff: 12.03.2013].

11 Rede des Außenministers Joschka Fischer zum NATO-Einsatz im Kosovo, vom 11.05.1999, http://www.mediaculture-online.de/fileadmin/bibliothek/fischerjoschka_kosovorede/fischer_kosovorede.html [letzter Zugriff: 12.03.2013].

12 »Entschuldigung, aber ich bin nicht überzeugt!«, Joschka Fischer auf der Munich Security Conference, am 09.02.2003, https://www.securityconference.de/ueber-uns/muenchner-momente/entschuldigung-ich-bin-nicht-ueberzeugt/ [letzter Zugriff: 12.03.2013].

13 Meyer, Cordula / Szandar, Alexander: »Europe Waits Out the Bush Administration«, Spiegel Online vom 01.04.2008, http://www.spiegel.de/international/world/nato-summit-squabbles-europe-waits-out-the-bush-administration-a-544648.html [letzter Zugriff: 12.03.2013]; »German Chancellor Angela Merkel: It Is Too Soon for Georgia And Ukraine to be Part of the NATO Action Plan«, NATO Summit, Bukarest, 02. – 04.04.2008, http://www.summitbucharest.ro/en/doc_177.html [letzter Zugriff: 12.03.2013].

14 German Chancellor Angela Merkel's Address to Joint Meeting the Congress, 03.11.2009, siehe auch: http://www.youtube.com/watch?v=C2W2qGDRHU8 [letzter Zugriff: 12.03.2013].

15 Gardon, Rose: »Remarks by President Obama and Chancellor Merkel in an Exchange of Toasts«, whitehouse.gov vom 07.06.2011, http://www.whitehouse.gov/the-press-office/2011/06/07/remarks-president-obama-and-chancellor-merkel-exchange-toasts [letzter Zugriff: 12.03.2013].

16 Weiland, Severin / Wittrock, Philipp: »Libyen-Enthaltung in der Uno: Wie es zu dem deutschen Jein kam«, Spiegel Online vom 23.03.2011, http://www.spiegel.de/politik/deutschland/libyen-enthaltung-in-der-uno-wie-es-zu-dem-deutschen-jein-kam-a-752676.html [letzter Zugriff: 12.03.2013].

17 »Security Council approves ›No-fly-Zone‹ over Libya«, un.org vom 17.03.2011, http://www.un.org/News/Press/docs/2011/sc10200.doc.htm [letzter Zugriff: 12.03.2013]

18 Außenminister Westerwelle zur Libyen-Resolution des UN-Sicherheitsrates, Pressemitteilung des Auswärtigen Amtes vom 17.03.2011, http://www.auswaertiges-amt.de/DE/Infoservice/Presse/Meldungen/2011/110317-VN%20Resolution%20Libyen.html [letzter Zugriff: 12.03.2013]; siehe auch: http://www.youtube.com/watch?v=CB9L-mp62Oc [letzter Zugriff: 12.03.2013]; vgl. »Ich möchte nicht, dass Deutschland Teil eines Krieges in Libyen wird«, Interview Guido Westerwelle mit dem Deutschlandfunk vom 17.03.2011, http://www.dradio.de/dlf/sendungen/interview_dlf/1413149/ [letzter Zugriff: 12.03.2013].

19 Exklusiv-Interview von Antonia Rados mit Muammar al-Gaddafi, http://www.rtl.de/cms/news/rtl-aktuell/antonia-rados-exklusiv-interview-mit-gaddafi-1460e-51ca-15-667964.html [letzter Zugriff: 12.03.2013].

20 »The Security and Defense Agenda (Future of NATO)«, as delivered by Secretary of Defense Robert M. Gates, Brüssel, 10.06.2011, http://www.defense.gov/speeches/speech.aspx?speechid=1581 [letzter Zugriff: 12.03.2013].

21 de Maizière, Thomas: Statement auf der 48. Münchner Sicherheitskonferenz, 03.02.2012, https://www.securityconference.de/

veranstaltungen/munich-security-conference/msc-2012/reden/dr-thomas-de-maiziere/ [letzter Zugriff: 12.03.2013].

22 Dempsey, Judy: »Fulfilling vow, Merkel looks east«, New York Times vom 02.02.2006, http://www.nytimes.com/2006/02/02/world/europe/02iht-berlin.html?_r=0 [letzter Zugriff: 12.03.2013].

23 Wolodja ist die Koseform des Namens Wladimir.

24 »Poland and the future of the European Union«, Rede Radek Sikorskis auf dem Berlin Policy Forum am 28.11.2011, https://dgap.org/sites/default/files/event_downloads/radoslaw_sikorski_poland_and_the_future_of_the_eu_0.pdf [letzter Zugriff: 12.03.2013]; siehe auch deutsche Fassung: »Ich fürchte die deutsche Untätig-keit«, Zeit Online vom 03.12.2011, http://www.zeit.de/2011/49/P-Europa [letzter Zugriff: 12.03.2013].

25 »Deutsche und Polen: Die Sicht auf den Nachbarn«, Polen-Analysen Nr. 52, 19.05.2009, hrsg. vom Deutschen Polen Institut u. a., http://www.laender-analysen.de/polen/pdf/PolenAnalysen52.pdf [letzter Zugriff: 12.03.2013].

26 Dieses Dokument wurde mir damals zugespielt. Vgl. auch »Verflechtung und Integration« – Artikel von Bundesminis-ter Steinmeier zur EU-Ostpolitik, Internationale Politik, März 2007, http://www.auswaertiges-amt.de/DE/Infoservice/Presse/Interviews/2007/070315-ArtikelIP.html [letzter Zugriff: 12.03.2013].

27 Dempsey, Judy: »New Policy on Russia splits German leaders«, New York Times vom 06.10.2006, http://www.nytimes.com/2006/10/06/world/europe/06iht-politic.3062482.html [letzter Zugriff: 12.03.2013].

28 Memorandum. Treffen zwischen Bundeskanzlerin Angela Merkel und Präsident Dmitri Medwedew am 4. und 5. Juni 2010 in Meseberg, http://www.bundesregierung.de/Content/DE/_Anlagen/2010/2010-06-07-meseberg-memorandum-deutsch.pdf [letzter Zugriff: 12.03.2013].

29 Rede von Bundesaußenminister Guido Westerwelle beim 14. Deutsch-Polnischen Forum »Deutsch-polnische Partnerschaft für Europa« in Warschau, 24.06.2010, http://www.auswaertiges-amt.de/DE/Infoservice/Presse/Reden/2010/100624-BM-Dt-Pol-Forum.html [letzter Zugriff: 12.03.2013].

30 Miller, Alexeij: »Geschichtspolitik in Russland«, in: Russland-Analysen, Nr. 196, 12.02.2010, hrsg. von der Forschungsstelle Osteuropa an der Universität Bremen u. a., http://www.laender-analysen.de/russland/pdf/Russlandanalysen196.pdf [letzter Zugriff: 12.03.2013].

31 »Merkel: Wir sind mit Israel auf immer verbunden«, Frankfurter Allgemeine Zeitung vom 18.03.2008, http://www.faz.net/aktuell/politik/ausland/kanzlerin-vor-der-knesset-merkel-wir-sind-mit-israel-auf-immer-verbunden-1513658.html [letzter Zugriff: 12.03.2013].

32 »Gauck distanziert sich von Merkels Haltung zu Israel«, Zeit Online vom 30.05.2012, http://www.zeit.de/politik/ausland/2012-05/israel-gauck-merkel-existenzrecht [letzter Zugriff: 12.03.2013].

33 »Niebel verärgert über Israel«, Zeit Online vom 20.06.2010, http://www.zeit.de/politik/ausland/2010-06/niebel-gaza-israel [letzter Zugriff: 12.03.2013].

34 Antrag der Fraktionen CDU/CSU, SPD, FDP und Bündnis 90/Die Grünen: Ereignisse um die Gaza-Flottille aufklären – Lage der Menschen in Gaza – Nahost-Friedensprozess unterstützen, 30.06.2010, (Drs. 17/2328), http://dip21.bundestag.de/dip21/btd/17/023/1702328.pdf [letzter Zugriff: 12.03.2013].

35 Security Council fails to adopt text demanding that Israel halt settlement activity as permanent member casts negative vote, un.org vom 18.02.2011, http://www.un.org/News/Press/docs/2011/sc10178.doc.htm [letzter Zugriff: 12.03.2013].

36 Ravid, Barak: »Merkel chides Netanyahu for failing to make ›a single step to advance peace‹«, Haaretz vom 25.02.2011, http://www.haaretz.com/print-edition/news/merkel-chides-netanyahu-for-failing-to-make-a-single-step-to-advance-peace-1.345539 [letzter Zugriff: 12.03.2013].

37 Rede von Bundeskanzlerin Angela Merkel anlässlich ihres Besuchs des Instituts für nationale Sicherheitsstudien, 01.02.2011, Tel Aviv, http://www.bundeskanzlerin.de/Content/DE/Rede/2011/02/2011-02-01-inss.html?nn=74420 [letzter Zugriff: 12.03.2013].

38 Grass, Günter: »Was gesagt werden muss«, Süddeutsche Zeitung vom 04.04.2012, http://www.sueddeutsche.de/kultur/gedicht-zum-konflikt-zwischen-israel-und-iran-was-gesagt-werden-muss-1.1325809 [letzter Zugriff: 12.03.2013].

39 »Staeck verteidigt Grass«, Der Spiegel vom 05.04.2012, http://www.spiegel.de/politik/deutschland/neue-reaktionen-auf-israel-iran-thesen-von-guenter-grass-a-825876.html [letzter Zugriff: 12.03.2013].

40 »Israel bestückt U-Boote aus Deutschland mit Atomwaffen«, Der Spiegel vom 04.06.2012, http://www.spiegel.de/politik/ausland/israelische-atomwaffen-auf-u-booten-aus-deutschland-a-836645.html [letzter Zugriff: 12.03.2013].

41 Weniger deutsche Soldaten in Afghanistan, bundesregierung.de vom 26.01.2012, http://www.bundesregierung.de/Content/DE/Artikel/2012/01/2012-01-26-weniger-soldaten-in-afghanistan.html [letzter Zugriff: 12.03.2013].

42 Dempsey, Judy: »In Germany, few voice the W Word«, New York Times vom 10.08.2009, http://www.nytimes.com/2009/08/11/world/europe/11iht-letter.html?pagewanted=all&_r=0 [letzter Zugriff: 12.03.2013].

43 »Merkel besucht Soldaten in Afghanistan«, tagesschau.de vom 18.12.2010, http://www.tagesschau.de/ausland/merkelafghanistan110.html [letzter Zugriff: 12.03.2013].

44 Dempsey, Judy: »Germany to End conscription«, New York Times vom 27.09.2010, http://www.nytimes.com/2010/09/28/world/europe/28iht-germany.html [letzter Zugriff: 12.03.2013].

45 Verteidigungspolitische Richtlinien, bvmg.de vom 27.05.2011, http://www.bmvg.de/portal/a/bmvg/!ut/p/c4/LYsxEoAgDATf4gdIb-cv1MYBzcQbMDgQ8ftSONtssUsrddQ3iDdk9YlmWnaM4XXhauIq9pPLybB65wRDdF6FQzZ2R47PxdqtcTHGAXlU_q72byv9tgQFK91xGj6tRgx1/ [letzter Zugriff: 12.03.2013].

46 Interview mit der Autorin 2012.

47 Interview mit der Autorin 2012.

48 Ungenutzte Potenziale: Zur Lage der Integration in Deutschland, http://www.berlin-institut.org/fileadmin/user.../Integration_RZ_online.pdf [letzter Zugriff: 30.11.2012]; Jahresgutachten 2010 mit

Integrationsbarometer, hrsg. vom Sachverständigenrat deutscher Stiftungen für Migration und Integration (SVR), http://www. berlin-institut.org/publikationen/studien/ungenutzte-potenziale. html?type=98 [letzter Zugriff: 12.03.2013].

49 Kaas, Leo/Manger, Christian: »Ethnic Discrimination in Germany's Labour Market: A Field Experiment«, in: Forschungs- institut zur Zukunft der Arbeit, Discussion Paper Series, Nr. 4741, http://ftp.iza.org/dp4741.pdf [letzter Zugriff: 12.03.2013].

50 Bundesagentur für Arbeit: Der Arbeits- und Ausbildungsmarkt in Deutschland, Monatsbericht Februar 2013, http://statistik. arbeitsagentur.de/Statischer-Content/Arbeitsmarktberichte/ Monatsbericht-Arbeits-Ausbildungsmarkt-Deutschland/ Monatsberichte/Generische-Publikationen/Monatsbericht-201302. pdf, S. 49 [letzter Zugriff: 12.03.2013].

51 Anger, Christina/Geis, Wido/Plünnecke, Axel: »MINT-Frühjahrs- report 2012«, hrsg. vom Institut der deutschen Wirtschaft Köln, http://www.iwkoeln.de/de/studien/gutachten/beitrag/86137 [letzter Zugriff: 12.03.2013].

52 Bräuninger, Dieter: »Neue Impulse für den deutschen Fach- kräftemarkt. Aktueller Kommentar«, Deutsche Bank Research vom 22.05.2012, http://www.dbresearch.de/servlet/reweb2.Re WEB?addmenu=false&document=PROD0000000000288802 &rdShowArchivedDocus=true&rwnode=DBR_INTERNET_DE- PROD$NAVIGATION&rwobj=ReDisplay.Start.class&rwsite=DBR_ INTERNET_DE-PROD [letzter Zugriff: 12.03.2013].

53 Koppel, Oliver: »Statement zum Artikel ›Ingenieure in Deutsch- land. Keine Knappheit abzusehen‹ von Karl Brenke«, 14.03.2012, http://www.iwkoeln.de/de/studien/iw-policy-papers/beitrag/70147 [letzter Zugriff: 12.03.2013]; vgl. ders.: »Neue Berufsklassifikation beim Ingenieurmonitor von IW und VDI. Ingenieure bleiben gesucht«, 24.10.2012, http://www.iwkoeln.de/de/infodienste/iw- nachrichten/beitrag/95041 [letzter Zugriff: 12.03.2013].

54 Berliner Demografie Forum, 12.–13.01.2012, Berlin, https://www. berlinerdemografieforum.org/de/archiv/bdf_2012/index.html [letzter Zugriff: 12.03.2013].

55 Bevölkerung Deutschlands bis 2060: 12. Koordinierte Bevölke-

rungsvorausberechnung, hrsg. vom Statistischen Bundesamt am 18.11.2009, https://www.destatis.de/DE/Publikationen/Thematisch/ Bevoelkerung/VorausberechnungBevoelkerung/Bevoelkerung-Deutschland2060Presse5124204099004.pdf?_blob=publicationFil [letzter Zugriff: 12.03.2013].

56 »Frühe Bildung fördert Chancengerechtigkeit«, Studie der Bertelsmann Stiftung sieht im geplanten Betreuungsgeld ein falsches Signal, 03.12.2009, http://www.bertelsmann-stiftung.de/ cps/rde/xchg/bst/hs.xsl/nachrichten_98875.htm [letzter Zugriff: 12.03.2013].

57 Dempsey, Judy: »Merkel Pays a Price for Her Energy Policy Shift«, New York Times vom 28.05.2012; http://www.nytimes. com/2012/05/29/world/europe/29iht-letter29.html?_r=0 [letzter Zugriff: 12.03.2013].

58 Knopf, Brigitte / Pahle, Michael / Kondziella, Hendrik / Joas, Fabian / Edenhofer, Ottmar / Bruckner, Thomas: »Germany's nuclear phase-out: Impacts on electricity prices, CO_2 emissions and on Europe«, hrsg. vom Potsdam-Institut für Klimafolgenforschung/ Institut für Infrastruktur und Ressourcenmanagement der Universität Leipzig, S. 10 f., http://www.pik-potsdam.de/members/ knopf/publications/Knopf_Germanys%20nuclear%20phase-out.pdf [letzter Zugriff: 12.03.2013].

59 Pressestatements von Bundeskanzlerin Merkel zum Energiekonzept, Berlin, 06.09.2010, http://www.bundesregierung.de/Content/ DE/Mitschrift/Pressekonferenzen/2010/09/2010-09-06-bkin-energie. html [letzter Zugriff: 12.03.2013].

60 Energiekonzept der Bundesregierung vom September 2010, http://www.bundesregierung.de/Content/DE/StatischeSeiten/Breg/ Energiekonzept/dokumente.html [letzter Zugriff: 12.03.2013].

61 Dempsey, Judy: »Germany extends nuclear plants' life«, New York Times vom 06.09.2010, http://www.nytimes.com/2010/09/07/world/ europe/07nuclear.html [letzter Zugriff: 12.03.2013].

62 »Merkel: ›Viel Arbeit vor uns‹«, cdu.de vom 28.03.2011, http://www.cdu.de/archiv/2370_32635.htm [letzter Zugriff: 12.03.2013].

63 Seils, Christoph: »Angela Merkel und die Atompartei CDU«, Cicero

vom 12.03.2012, http://www.cicero.de/berliner-republik/angela-
merkel-und-die-atompartei-cdu/48612 [letzter Zugriff: 12.03.2013].

64 »Anteil der Erneuerbaren Energien steigt auf 23 Prozent«, bdew.de
vom 18.12.2012, http://www.bdew.de/internet.nsf/id/20121218-pi-
anteil-der-erneuerbaren-energien-steigt-auf-23-prozent-de
[letzter Zugriff: 12.03.2013].

65 Mihm, Andreas: »Opposition beschimpft Altmaier als ›Märchen-
peter‹«, Frankfurter Allgemeine Zeitung vom 20.02.2013,
http://www.faz.net/aktuell/wirtschaft/wirtschaftspolitik/
kosten-der-energiewende-opposition-beschimpft-altmaier-als-
maerchenpeter-12088149.html [letzter Zugriff: 12.03.2013].

66 »Deutschland bei Klimaschutz Vorreiter – Ausbau von Energieeffizienz und Windkraft erforderlich«, Pressemitteilung von
McKinsey & Company, Mai 2012, http://www.mckinsey.de/html/
presse/2012/20120508_pm_klimaschutz.asp [letzter Zugriff:
12.03.2013].

67 von Petersdorff, Winand: »Der große Stromausfall kommt«,
Frankfurter Allgemeine Zeitung vom 28.02.2011, http://www.
faz.net/aktuell/wirtschaft/wirtschaftspolitik/netzueberlastung-
der-grosse-stromausfall-kommt-1592887.html [letzter Zugriff:
12.03.2013].

68 »Langfristszenarien und Strategien für den Ausbau der erneuerbaren Energien in Deutschland bei Berücksichtigung der Entwicklung in Europa und global. Schlussbericht«, hrsg. von DLR/Fraun-
hofer/IfnE 29.03.2012, http://www.dlr.de/tt/desktopdefault.aspx/
tabid-2885/4422_read-15254/ [letzter Zugriff: 12.03.2013].

69 Auer, Josef: »Moderne Stromspeicher. Unverzichtbare Bausteine
der Energiewende«, Deutsche Bank Research, 31.01.2012,
http://www.dbresearch.de/PROD/DBR_INTERNET_DE-PROD/
PROD0000000000284196/Moderne+Stromspeicher%3A+Unver
zichtbare+Bausteine+der+Energiewende.pdf [letzter Zugriff:
12.03.2013].

70 »Frack to the Future«, The Economist vom 02.02.2013, http://
www.economist.com/news/business/21571171-extracting-europes-
shale-gas-and-oil-will-be-slow-and-difficult-business-frack-future
[letzter Zugriff: 12.03.2013].

71 Deutsche Bank Research, Talking Point, 23.02.2011.

72 Pressestatements von Bundeskanzlerin Merkel und dem Präsidenten der Republik Kasachstan Nasarbajew in Berlin, 08.02.2012,
   http://www.bundesregierung.de/Content/DE//Mitschrift/
   Pressekonferenzen/2012/02/2012-02-07-pk-bkin-nasarbajew.html
   [letzter Zugriff: 12.03.2013].

73 Ost-Ausschuss der Deutschen Wirtschaft: »Deutsch-kasachisches
   Partnerschaftsabkommen«, 08.02.2012, http://www.ostausschuss.
   de/deutsch-kasachisches-partnerschaftsabkommen [letzter
   Zugriff: 12.03.2013]; vgl. »Der Deutschlandbesuch des Präsidenten Kasachstans, Nursultan Nasarbajew – ein Höhepunkt der
   bilateralen Beziehungen?«, Länder-Analysen Zentralasien, Nr. 50,
   24.02.2012, hrsg. von der Forschungsstelle Osteuropa an der
   Universität Bremen u. a., http://www.laender-analysen.de/
   zentralasien/pdf/ZentralasienAnalysen50.pdf [letzter Zugriff:
   12.03.2013].

74 Dempsey, Judy: »Balancing Business and Human Rights«, New
   York Times vom 20.02.2012, http://www.nytimes.com/2012/02/21/
   world/europe/21iht-letter21.html?_r=0 [letzter Zugriff: 12.03.2013].

75 Dempsey, Judy: »Europe Deals Arms While Defending Rights«,
   New York Times vom 05.03.2012, http://www.nytimes.
   com/2012/03/06/world/europe/06iht-letter06.html [letzter Zugriff:
   12.03.2013].

76 »Rüstungsexportbericht 2012 der Gemeinsamen Kirche und
   Entwicklung GKKE«, vom 10.12.201, S. 24, http://www3.gkke.org/
   fileadmin/files/downloads-allgemein/REB-2012-BPK-Fassung.pdf
   [letzter Zugriff: 12.03.2013].

77 »The SIPRI Top 100 arms-producing and military services com-
   panies in the world excluding China, 2011«, http://www.sipri.
   org/research/armaments/production/Top100 [letzter Zugriff:
   12.03.2013].

78 Festveranstaltung zum 50-jährigen Jubiläum des Bergedorfer
   Gesprächskreises, Berlin, 09.09.2011, http://www.koerber-stiftung.
   de/50JahreBG [letzter Zugriff: 12.03.2013].

79 »Fragile Staaten – eine Herausforderung für die Sicherheit«,
   auswaertiges-amt.de vom 19.09.2012, http://www.auswaertiges-

amt.de/DE/Aussenpolitik/AktuelleArtikel/120919_Fragile_Staaten_
node.htm [letzter Zugriff: 12.03.2013]; »Für eine kohärente Politik
der Bundesregierung gegenüber fragilen Staaten – Ressortüber-
greifende Leitlinien«, hrsg. von Auswärtiges Amt/Bundesminis-
terium der Verteidigung/Bundesministerium für wirtschaftliche
Zusammenarbeit und Entwicklung, September 2012, http://www.
auswaertiges-amt.de/cae/servlet/contentblob/626452/publication-
File/171912/120919_Leitlinien_Fragile_Staaten.pdf;jsessionid=74B1
45CDE999A36E9D3B7191039742AE [letzter Zugriff: 12.03.2013].

80 »Sie leisten wirklich Großartiges unter schwierigsten Bedingungen«, Interview mit Horst Köhler, in: dradio.de, 22.05.2010, http://
www.dradio.de/aktuell/1191138/ [letzter Zugriff: 12.03.2013].

81 Vgl. z. B. De Guchts Rede auf dem EU-China »High Level Political
Forum«, 08.11.2011:»Looking beyond the crisis: Making the EU-
China trade relations work«, http://europa.eu/rapid/press-release_
SPEECH-11-728_en.htm. [letzter Zugriff: 12.03.2013].

82 Gowan, Richard/Brantner, Franziska:»The EU and Human Rights
at the UN: 2010 Review«, hrsg. vom European Council on Foreign
Relations, September 2010, http://ecfr.eu/page/-/the-eu-and-human-
rights-at-the-UN-2010-review.pdf [letzter Zugriff: 12.03.2013].

83 Dempsey, Judy:»Germany criticized for its training of Afghan
police«, International Herald Tribune vom 15.10.2006, http://www.
nytimes.com/2006/11/15/world/europe/15iht-germany.3551337.
html [letzter Zugriff: 12.03.2013]; vgl.»Deutsches Engagement
beim Wiederaufbau der afghanischen Polizei«, auswaertiges-
amt.de vom 25.10.2012, http://www.auswaertiges-amt.de/DE/
Aussenpolitik/RegionaleSchwerpunkte/AfghanistanZentralasien/
Polizeiaufbau-dt-Engagement_node.html [letzter Zugriff:
12.03.2013].

84 US Department of State/US Department of Defense:»Inter-
agency Assessment of Afghanistan Police Training and
Readiness«, November 2006, http://oig.state.gov/documents/
organization/76103.pdf [letzter Zugriff: 12.03.2013].

85 Interview mit der Autorin 2012.

Demokratie ernst nehmen

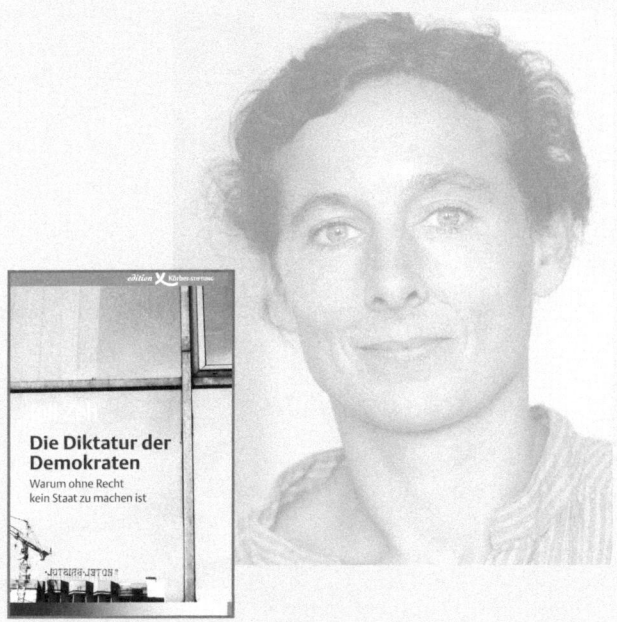

Wenn die Staatengemeinschaft ihre rechtsstaatlichen Ideale verrät, kann Demokratieaufbau nicht gelingen. Juli Zeh plädiert für eine Charakterisierung des Übergangsrechts in failing states, die den Bürgern Rechtssicherheit bietet.

Juli Zeh
Die Diktatur der Demokraten
Warum ohne Recht kein Staat zu machen ist

208 Seiten | Klappenbroschur | 13 x 20 cm
ISBN 978-3-89684-095-0 | Euro 14,– (D)
Auch als E-Book erhältlich

www.edition-koerber-stiftung.de

Ein Bekenntnis zum Mittelmeer

Claus Leggewie führt an die Ursprünge unserer Zivilisation
im Mittelmeerraum zurück, sucht aktuelle Schauplätze auf,
analysiert verpasste Chancen und formuliert eine konkrete Utopie
europäischer Friedens- und Entwicklungspolitik.

Claus Leggewie
Zukunft im Süden
Wie die Mittelmeerunion Europa wiederbeleben kann

272 Seiten | Klappenbroschur | 13 x 20 cm
ISBN 978-3-89684-093-6 | Euro 16,– (D)
Auch als E-Book erhältlich

www.edition-koerber-stiftung.de

Politik braucht Standpunkte

Michael Rühle
Gute und schlechte Atombomben
Berlin muss die nukleare Realität mitgestalten
100 Seiten | 978-3-89684-137-7

Urs Schoettli
Mehr Indien, weniger China
Deutschland braucht eine
neue Asienpolitik
110 Seiten | 978-3-89684-142-1

Theo Sommer
Diese NATO hat ausgedient
Das Bündnis muss europäischer werden
130 Seiten | 978-3-89684-144-5

Guido Steinberg
Im Visier von al-Qaida
Deutschland braucht eine
Anti-Terror-Strategie
110 Seiten | 978-3-89684-139-1

Alle Bände: Euro 10,– (D)

Auch als E-Book erhältlich:

Theo Sommer
Diese NATO hat ausgedient

Bahman Nirumand
Menschenrechte als Alibi

Jeder Band: Euro 7,99 (D)

Als E-Book in englischer Sprache erhältlich:

Theo Sommer
NATO No Longer Fits the Bill

Bahman Nirumand
And what about Human Rights?

Urs Schoettli
More India and Less China

Ruprecht Polenz
Better for Both of Them

Jeder Band: Euro 7,99 (D)

www.edition-koerber-stiftung.de